KB104192

메타버스 디톡스쿨

메타버스 디톡스쿨

펴 낸 날/ 초판1쇄 2022년 8월 15일
지 은 이/ 김은형
일러스트/ 김정배

펴 낸 곳/ 도서출판 기역
펴 낸 이/ 이대건
편   집/ 책마을해리

출판등록/ 2010년 8월 2일(제313-2010-236)
주   소/ 전북 고창군 해리면 월봉성산길 88 책마을해리
          경기도 파주시 회동길 363-8
문   의/ (대표전화)070-4175-0914, (전송)070-4209-1709

ⓒ 김은형, 2022

ISBN 979-11-91199-43-7 03370

메타버스 디톡스쿨

김은형 지음

ㄱ

차례

디지털 메타버스 시대에 왜 먼저 '생각중독'을 말해야 하는가?

사람은 누구나 본래 온전히 행복한 존재다. 그러나 우리는 스스로 자족하며 충만한 삶이 아닌 누군가의 사랑과 칭찬과 인정에 의지한 의존적이고 중독적인 삶을 살아간다. 내 기준이 아닌 상대의 기준에 맞춰 살아가려니 끊임없이 자신을 결핍된 존재로 만들어 채울 수 없는 갈망으로 중독적 삶을 살아가는 '생각중독'에 빠져 불행하다는 것이다.

'생각중독'이 바로 가상현실이다. 실제가 아닌 자신이 스스로 만들었거나 누군가 만든 프레임과 시스템이 진짜라고 믿는 환상이며 꿈과 같은 몽환이다. 그러니 생각은 나의 행복이자 불행이다. 그 어떤 생각도 버리고 본래의 온전한 자신을 각성하게 되면 돈과 행운을 빌며 행복을 추구하지 않아도 이미 주머니가 가득 채워진 충만한 자신을 보게 된다.

자신이 스스로 하지 않는 사람일수록 의존도가 높고, 의존도가 높은 사람은 불만이 많다. 돈도 복도 주는 사람보다 받는 사람이 더 불만이 많다. 받는 것이 습관이 되면 의존도가 높아져 점점 더 자주 의존하게 되고, 불만과 불안이 높아지며 결국 '없다(결핍)'는 중독적 사고에 물든다. 현대 상품자본주의는 바로 이런 인간의 '결핍'된 중독적 사고를 이용해서 사람을 '인간'이 아닌 '소비자'로 만든다. 우리 아이들이 중독자본주의 경제 시스템에 휘둘리며 노예적 삶을 살지 않고 인간으로 존중받는 삶을 살게 하려면 깨어 있어야 한다. 돈과 상품이 주는 도파민 호르몬의 쾌락을 행복으로 오해하지 않고 이미 자신의 내면에 충분히 내재되어 있는 충만함과 행복을 발견하며 저절로 충만한 사람으로 깨어 있는 수행적 관점의 교육이 다시 디자인되어야 하는 것이다.

스스로 자족적인 삶을 살아가려면 세상과 사람들에게 의존하며 바라는 마음을 내는 대신 내가 먼저 바라는 것 없이 자비의 마음을 베풀고, 너와 나의 구분과 좋고 나쁘고, 옳고 그르고, 맛있고 맛없고의 경계가 없는 무상(無想)과 무아(無我)의 하나로 연결된 연기론적 불이(不二)의 세계를 깨달아야 한다. 우리가 함께 연결된 하나임을 알면 세상 모든 것이 저절로 충만한 행복한 사람이 될 수 있다. 누구든 붓다의 가르침처럼 괴로움이 없는 사람, 행복한 사람이 되어 이웃과 세상에 잘 쓰이도록 하는 것이 종교와 교육의 최고 목표 아닌가? 그렇다면 코로나로 급격히 전환된 디지털 온라인 세상에서 '중독'과 '수행'이 교육의 더욱 중요한 화두인 이유는 무엇일까?

인간을 소비자로 규정하는 중독자본주의 시스템 안에서 우리는 글로벌 IT기업의 이윤추구를 위해 사육되는 존재로 변해가고 있다. 이를 깨우쳐야 인간 본연의 창조적 상상력과 예술적 표현력으로 인권이 존중되는 새 시대의 문을 여는 거인이 될 수 있다. 그래서 새로운 철학과 꾸준한 수행자적 삶의 태도를 교육에 적용하여 자발적인 삶을 디자인하는 교육과정으로의 변화가 무엇보다 우선되어야 한다.

'생각중독'의 기원

'생각중독'이란 세상과 자신을 바라보는 강박적 '사고방식'과 '사유 패턴' 및 '삶의 태도' 등을 말한다. 대체로 가정교육에서 부모로부터 비롯되는 가치와 취향은 물론 개인이 느끼는 개별적 감각까지 다양한 요소들이 상호작용하며 자기 생각을 고집하고 확신하며 마음의 경계를 만들어내는 것이다.

'생각중독'은 강박적인 중독자들이 자기방어와 합리화를 위해 만들어내는 인지부조화의 '중독적 사고'와 달리 태어난 가정의 부모의 사고방식이나, 사회의 이념과 디지털 플랫폼의 세계관은 물론 특정 IT기업 메타버스 시스템의 중독적 작동원리에 이르기까지 우리 의식세계에 슬며시 젖어들어 하나의 고집된 정답과 기준으로 작동한다. 한 생각에 중독되면 자신이 어떤 편향성을 가지고 있는 지도 모르고 빨강에 물들면 빨강으로, 파랑에 물들면 파랑으로, 중독된 생각의 경계 안에서만 삶의 방식과 스타일을 만들어가며 다채로운 삶의 컬러가 창조될 수 있는 가능성을 놓친다. 심지어 상대방이 자신과 같은 색이 아니라는 이유로 공격까지 일삼는다. 왜 그럴까? 왜 우리는 타자의 생각에 물들고 중독되어 주인 된 삶을 살기 어려운 것일까? 왜 스스로 행복이 아닌 괴로움을 만들어내는 것일까?

수치심과 열등감은 '중독적 사고'의 핵심으로, 심리학자 알프레드 아들러(Alfred Adler)는 부모에 대한 애정결핍과 형제간 비교로 열등감과 수치심이 고착되면서 유년기에 발생한다고 한다. 이후 성장과정에서 점점 불안과 결핍이 무의식적 행동패턴을 만들어내며 부정적인 생각의 우물 안에 자신을 가두거나 우울한 현실을 도피하기 위해 도파민 쾌락의 중독물질을 탐닉하며 '중독적 사고'에 빠진다. 사실 우월감도 자신의 열등함을 감추기 위한 과대망상과 과시 방어기제로, 명품에 대한 집착이나 성형중독 등으로 나타나기도 한다. 젊은이들의 피로 샤워를 하면 젊음과 미모를 유지할 수 있다는 생각중독에 빠져 살인을 일삼은 16세기 영국 백작부인 엘리자베스 베토리(Elizabeth Bathory)와 같은 중독적 사고의 파괴적인 인간이 되는 것이다.

갈망과 '생각중독'의 시작

몇 년 전 인도에 여행을 갔다가 '오쇼 명상 아슈람(오쇼 라즈니쉬가 만든 명상 리조트)'에 들러 쿤달리니(산스크리트어: Kuṇḍalinī) 명상을 체험했다. 몸을 좌우로 15분 정도 흔들면서 몰입해가는 명상기법으로, 지도자의 지시대로 눈을 감고 마치 춤을 추듯 몸을 흔들기 시작했는데 불과 5분쯤 지났을까? 갑자기 엄마 얼굴이 떠오르면서 나도 모르게 격한 설움이 몰려와 눈물이 철철철 흐르기 시작했다. 이어서 생각지도 않게 갑자기 떠오른 한 장면! 세 살의 내가 엄마 젖을 빨며 사랑받고 있는 갓난아기 남동생을 질투하고 있었다. 이윽고 나도 동생처럼 엄마 젖을 빨면 사랑받을 수 있겠다는 생각을 했고, 엄마가 동생에게 다른 쪽 젖을 물리기 위해 동생을 잠시 이불 위에 내려놓았을 때 엄마 젖을 향해 돌진했다. 그런데 나의 예상과 달리 엄마는 내가 젖을 입에 물자마자 "얘가 징그럽게 왜 이래?" 하며 나를 거세게 밀쳤다. 나는 동생이 엄마 젖을 빨던 마루에서 휙 날라 마당으로 떨어져 고꾸라졌다. 그리고 차가운 마당의 흙이 얼굴에 닿는 순간 잠시 기쁨에 잠겨 생각했다.

"아! 드디어 이제 엄마가 다친 나를 안아주러 올 거야."

하지만 나의 예상은 완전히 빗나갔고, 엄마는 아무 일도 없었던 듯 다시 동생을 안아 젖을 빨리며 동생 머리를 쓰다듬었다. 그 모습을 보며 서럽게 흐느껴 울던 바로 그 순간이 주마등처럼 스쳐갔던 것이다. 아슈람에서 설움에 복받쳐 온몸을 흔들며 울고 있는 나는 바로 47년 전 엄마의 사랑을 갈구하던 세 살의 어린아이라는 것을 깨달았다. 저 밑바닥에 가라앉아있던 상실의 깊은 상처가 쉰 살이 되어서야 비로소 인도라는 이 국땅에서 튀어나왔던 것이다. 서운함과 억울함에 휩싸여 어찌할 바를 모르고 무방비 상태로 울고 있는 사이 기억은 다시 당황스럽게도 7세의 나로 성장해 있었다.

동생과 싸우면 '누나니까 네가 참으'라고 하고, 언니랑 싸우면 '동생인 네가 참으'라며 나에게만 양보를 강요하던 엄마는 "네가 동생과 언니에 비해 착하고 참을성이 많아서 그러는 거야" 하는 말로 나를 설득하셨고 나도 수긍했다. 나는 외적으로는 순하고 여리며 말없이 순종하는 착한 아이로 성장하며 동생과 언니에게 놀림감이 되어도 저항하지 않고 그냥 무기력하게 함께 웃곤 했다(가정에서 열등감이 형성된다는 아들러의 학설은 적어도 나의 사례에 완벽하게 딱 들어맞았다). 그리고 그때부터 나의 행동패턴은 타자로부터 칭찬받고 인정받기 위한 갈망과 목적에서 한 치의 벗어남도 없었다. 솔선수범해서 불우한 친구를 돕고, 심부름하고, 더러운 화장실 청소를 자처했다. 심지어 언니가 스물일곱 살에 결혼했기 때문에 '너도 27세를 넘기지 말라'는 엄마 말씀도 꼼꼼히 귀담아 두었다가 결국 27세 12월 19일 결혼식을 올렸다. 무력하고 열등한 내 존재로부터 회피하기 위해 강박적으로 타자에 의존하며 희생과 봉사라는 가면을 쓰고 리얼월드의 아바타가 되어 허약한 자신을 감추고 당당하고 행복한 척 삶을 속여 왔던 것이다. 그러나 세상 어디에도 자신 내면과의 직면을 피해 도피할 수 있는 도망자는 없다.

본디 나의 본성은 혁명가이며 파괴적으로 새로운 것을 만들어내는 창조적 예술가인데, 성장과정에서 겪은 상처의 기억으로 사랑받지 못한다는 생각을 고집하며 타자로부터 인정받기 위해 타자의 삶의 리듬에 나를 끼워 맞추는 의존적인 삶을 살고 있었던 것이다. 한마디로 열등감은 내게 인정욕구라는 강박적이고 중독적인 사고방식을 가져왔고, '생각중독'이란 우물에 빠져 단 한 발짝도 벗어나지 못하고 위로 아래로 자맥질만 하며 숨 막히는 삶을 살아내고 있었던 것이다.

중독의 뿌리 상처받은 내면아이

학창 시절 이후 23세부터 시작한 직장생활은 결혼 이후엔 직장과 가정에서 사람들에게 휘둘리면서도 일에 집착하며 딸아이를 울리고 가족들에겐 비난받았고, 비난받는 만큼 인정욕구에 더욱 매달리며 자신을 소진하고 만신창이로 몰아갔다. 하지만 희망은 없었다. 피할 곳도 없었다. 숨을 곳은 단 하나! 내가 나를 방어하거나 새롭게 규정하는 것뿐이었다. 남편과의 불화도, 직장 내의 불화도, 가족들과의 불화 또한 나 자신에 대한 무지에서 비롯된 것이었지만, 나는 내가 일정한 패턴의 부정적인 '생각중독'의 늪에 빠져있다는 것조차 인식하지 못했다. 새로운 방식으로 자신과 세상을 바라봐야 새로운 것이 떠오르고 새로운 사고방식으로 행동패턴의 변화를 추구하고 실행했을 때라야 비로소 삶은 변화한다.

존 브래드쇼(John Bradshow)는 〈상처받은 내면아이 치유〉에서 15년간 청소년 마약중독자들의 치유 과정에서 발견한 중독의 공통적인 원인이 바로 '상처받은 내면아이[1]'였다고 말한다.

아이들은 전부 아니면 전무라는 양극성의 절대적 사고를 가지고 있다. 성장발달에서 필요한 의존욕구들이 제대로 충족되지 못했을 때 아이는 어른이 된 후에도 내면아이의 사고방식에 영향을 받는다. 부모에 대한 애정결핍이 의존으로 이어지고, 이것이 바로 강박적 중독행동으로 이어지게 된다. 아이들에게 진정 필요한 것은 부모에게 자신이 정말 귀한 존재라는 사실을 확인받는 것이다. 하지만 부모가 중독환자이거나 아이들에게 관심을 주지 못하는 역기능적인 가정의 아이들 대부분이 가장 도움이 필요한 시기에 가장 많은 상처를 받는다. 이러한 상황은 아이들에게 사랑받는다는 희망을 포기하게 하고 이는 곧 자신이 통제할 수 없는 수치심으로 변환된다. 수치심 중독은 우리 자신 자체가 잘못된 존재라고 믿는 것이며, 자아는 그저 부족하고 불완전할 뿐이라고 생각하는 것이다. 수치심 중독은 이렇듯 상처받은 아이의 핵심이다. 우리 자신을 아무 희망 없는 상태로 만들어 자포자기하는 것은 물론 이후 그들의 자녀들에게까지도 같은 감각을 중독시킨다. 바로 카르마

---

1) 인간의 무의식 속에는 어린 시절의 아픔과 상처로 인한 자아가 있다는 상담기법.

(karma)² 로서의 '생각중독'이다. 이를 테면 부모나 사회로부터 전수받은 '생각중독'이 중독행동을 낳고 '중독적 사고'로 강박적인 통제불능의 삶을 살아가게 한다는 것이다. 그런데 혼자만 불행해지는 것이 아니라 중독자 주변의 가족과 지인들까지 막대한 피해를 주게 된다는 데 생각중독의 심각성이 있다.

필자만 해도 일 중독, 텍스트 중독, 커피 중독, 관계 중독 등 다양한 집착과 과도한 몰입을 보이는 삶의 영역들이 많다. 그

중독의 종류? 세상 모든 바라고 의존하는 마음이 중독을 만든다.		
중독의 종류	내용	바라는 마음
중독적인 활동	일, 쇼핑, 도박, 섹스, 종교적인 의식으로 기분을 바꾸는 활동	의존하고 바라는 모든 마음이 중독 유발
인지적인 중독	감정을 회피할 수 있는 가장 확실한 방법. 생각은 감정을 회피하는 방법이자 모든 중독자들이 강박관념적인 사고패턴을 가지고 있다.	의존하고 바라는 모든 마음이 중독 유발
감정 중독	기쁨과 분노 같은 감정 자체로도 중독이 된다. 분노는 고통과 수치심을 덮어줄 수 있는 방패막이로 화를 폭발시킬 때 강한 힘을 느끼며 통제하고 있다는 느낌을 갖는다.	의존하고 바라는 모든 마음이 중독 유발
물건중독	돈과 술과 마약 등이 가장 보편적인 사물 중독으로 즉각적으로 쾌감을 일으키며 기분을 바꿔준다.	의존하고 바라는 모든 마음이 중독 유발

2) 윤회와 더불어 인도에 존재하는 모든 사상과 종교의 공통적인 근간을 이루는 사상이다. 목적과 관계없는 행위나 수행을 뜻하며, 업(業)으로 번역한다.

런데 요즘 그보다 더 심각해지는 것이 바로 디지털 중독이다. 코로나 이후 사회를 살아가는 현대인들 중 유튜브로 시작해서 유튜브로 끝나는 일상을 보내지 않는 사람이 몇 명이나 될까?

중독적 사고

미디어는 행복하고 멋지게 살기 위해서는 이런 사람이 되어야 한다고, 이런 일을 해야 한다고, 온갖 이미지와 개념을 사람들에게 주입한다. 그러나 명예, 돈, 섹스는 좌절, 환멸, 불만족, 탈진으로 이어지는 악순환의 고리로, 우리를 끝내 만족시킬 수 없다. 음란물 중독자들이 외롭거나 힘들 때 음란물을 보는 이유도 사랑받지 못한 자기 자신을 괴롭히기 위한 것이라고 한다. 그러나 또 한편으론 자기비하의 고통이 두려워 고통스러운 감각을 마비시키기 위해 음란물에 중독되기도 한다. 이 경우는 현실과 담을 쌓고 디지털 온라인 포르노의 세계로 몸을 숨기거나 마약과 오피오이드 진통제 중독과 같은 약물중독의 늪으로 빠져들며 현실을 회피한다. 그들에게 마약중독보다 더 두려운 것은 사랑받지 못하고 직면했던 현실의 기억과 상처를 다시 떠올리는 것이다. 이제 마약은 아이들이 온라인교육을 위해 매일 접속하는 온라인 에듀테크 플랫폼 안에도 있고, 자신들의 무력함을 잊고 스트레스 가득한 현실을 도피하기 위해 접속하는 게임과 디지털 앱과 플랫폼에도 주사기 없는 즉각 보상의 마약은 존재한다. 그리고 우리를 중독적인 사고의 틀에 가두고

'중독적 사고'의 부정적 인식 속에 가둔다.

　마인 크래프트 게임 플랫폼의 집짓기와 세계의 구성은 네모
진 벽돌모양 블록의 정형성을 뛰어넘지 못하고 마인크래프트
플랫폼에 자주 접속한 아이들의 삶의 구조 또한 벽돌처럼 쌓
는 구조로만 이해되고 창조될 확률이 높다. 마인크래프트의
세계관과 플레이 방법에 따라 쌓고 두드려야만 세계가 구성된
다고 믿게 되는 것이다. 이것이 바로 반복학습으로 성취하는
학습의 가장 기본적인 패턴이자 '생각중독'의 기반이다.

　행복하고자 하는 욕망의 계보를 따지자면 오스트랄로피테
쿠스까지 올라가야 할지도 모른다. 그러나 디지털 메타버스
시대의 행복은 구시대의 행복과 그 개념과 의미가 달라져 있
다. 가치 지향적으로 논해지던 행복은 현대사회에서는 돈과
운의 사물적 가치만으로 이야기된다.

　디지털 메타버스의 세이렌은 행복산업, 행복교육, 행복사회,
행복자본의 환상을 보여주며 호메로스의 사이렌보다 더 강력
한 물질적 욕망의 유혹으로 사람들을 꾀어 현대인들의 일거수
일투족을 지배한다.

　실리콘밸리의 구루이자 가상현실의 아버지 재런 러니어
(Jaron Lanier)는 그의 저서 〈미래는 누구의 것인가?〉에서 가장
심각한 문제는 '중독과 조종이라는 기술'을 쓰는 소셜 미디어
기업들이 어떤 광고주를 위해 알고리즘을 조작하는지를 우리
가 알 수 없다는 데 있다고 주장한다.

재런 러너어는 공짜 정보를 서비스하는 구글과 페이스북·네이버·다음 카카오톡 등을 뭉뚱그려 세이렌 서버(siren server)라 칭하고, 세이렌 서버에 모이는 정보를 만든 창조자인 유저(일반인)들은 점점 더 빈곤해지고 데이터 저장 공간을 가진 창고지기(글로벌 IT기업)들이 창조자들의 상상력과 콘텐츠를 이용해서 돈을 버는 것에 대한 부당함을 지적하며 개인의 지적재산권이 존중되어야 한다고 주장한다. 수평적 디지털 메타버스에서 인본주의는 단순히 경제적 분배의 문제 외에도 미래사회의 인간 생존의 중요한 키워드인 인권존중을 위한 윤리적 이슈가 될 것이다. 필자가 디지털 메타버스의 중독적 기능의 폐해에 깜짝 놀라 눈뜬 부분이 바로 이 지점이었다. 우리는 미래사회에 주체적 삶의 주인으로 인권을 존중받으며 살 것인가? 아니면 디지털 시스템을 만든 IT기업의 노예로 살아갈 것인가? 인간으로 살 것인가? 아니면 개, 돼지 취급을 받으며 살 것인가? 이 문제가 내 딸과 그 후손까지 이어질 인류의 미래라면? 정말 인류 역사상 이토록 중대한 일이 또 있었나? 인간이 중독적 사고로 인해 기계의 하부구조가 될지도 모를 역사적 순간인 것이다. '중독자본주의 사회'에서 '중독'이란 그만큼 중대한 일인 것이다.

디지털 메타버스의 덫, 중독자본주의

인터넷 의존은 현실에서는 실현 불가능한 소망과 욕구, 갈망, 목표를 실현하게 해준다는 것이다. 온라인 게임과 사이버 음란물, 소셜 네트워크 세 가지가 주목해야 할 유형인데, 이들의 공통 원리는 소셜 네트워크는 실제 만남을, 사이버 음란물은 실제 섹스를 대체하며 컴퓨터 게임은 학교와 직장에서의 인정욕구를 대신한다. 현실의 삶이 힘들어질수록 사람들은 더욱 가상 세계에 몰입해 자신을 위로하는 방식으로 중독의 악순환이라는 늪에 빠져든다. 자위는 홀로 외로운 것이다. 그럼에도 불구하고 인터넷이 마치 사람들과 연결되어 있는 듯 긍정적인 보상을 주기 때문에 운동 중독, 도박 중독, 쇼핑 중독, 일 중독을 비롯해 디지털 저장 강박 및 자살 사이트, 사이버 스토킹과 따돌림 등 병적 행동이 가상현실 공간으로 옮겨간다.

소셜 미디어의 '좋아요'는 먹이에 즉각 반응을 보이는 개를 조련하는 샤무조련법처럼 중독자본주의 사회로의 발전을 소리 없이 촉진함은 물론 사용자들을 시스템에 중독시킨다. 거대 글로벌 IT기업들의 세이런 서버는 CEO들에게 무한한 부와 영향력을 선사하고 나머지 모든 사람을 중독과 불안정, 빈곤과 실업으로 몰아넣을 수 있다. 현대 IT기술의 산실 실리콘밸리 종사자 중 상당수는 자신의 자녀들을 전자기기의 사용을 금하는 발도르프 학교에 보낸다. 자녀들이 디지털 매체의 조작과 통제, 중독과 피해망상에 빠져 불행해지기를 원치 않기 때문이다.

최적화는 진실이 아닌 기만이다

디지털 메타버스 플랫폼들은 인간의 다양한 행동 원리를 분석하고 그에 기반해서 유저들의 니즈에 맞는 프로그램을 개발한다. 닌텐도 스위치 "동물의 숲" 게임은 사용자가 자신의 취향대로 자신만의 세계를 만들어가는 프로그램으로, 게임이 만들어진 일본인들의 세계관이 잘 반영되어있다. 그 단적인 예로 커피숍의 경우 일본인들이 좋아하는 고전적인 디자인의 카페 일러스트가 반영되어 있음은 물론 커피잔에서 나오는 따뜻한 김마저 현실세계에서 추구하던 가상의 현실을 보여준다. 그러나 최적화는 진실이 아니다. 우리는 현실과 가상현실을 혼동한다. 음악을 골라 주는 AI서비스가 실제로는 음악적 취향이 없듯, 클라우드 컴퓨팅 엔진 또한 사람을 모르고, 유튜브 콘텐츠 수준 또한 알고리즘을 제대로 알지 못한다. 최적화된 컴퓨팅은 그래서 진실 아닌 기만, 정치권력 최적화도 진실 아닌 기만이다. 그렇다면 진실은 무엇인가?

인간의 욕망과 중독적 상품자본주의 시스템의 합궁 결과 만들어지는 권력과 게임이다. 그러나 그 둘의 합궁은 잔치만 요란하고 겉만 번지르르한 제황의 즉위식이며, 떡 벌어진 결혼 잔칫상 앞에서 합방도 못 하고 배고픔을 참다 잠들어 버린 신랑신부의 첫날밤처럼 헛되다.

현실과 가상현실, 내추럴 메타버스와 디지털 메타버스 모두 우리를 도파민의 쾌락 자극에 빠뜨린다. 우리는 자신의 삶을 상품자본주의의 주장과 외침에 맞추려고 강박적으로 일중독으로 빠져든다. 일중독에 빠져 아이와 가정에 소홀했던 죄책감을 무마하려 알코올과 담배와 오피오이드 진통제의 일시적인 위안에 빠짐은 물론 디지털 메타버스의 클릭 중독에 빠져 진짜와 가짜, 본캐와 부캐조차 구분하지 못하는 산만하고 분열된 자아로 살아간다. 이를 더욱 가속화하는 것은 어린아이 때 형성된 상처와 수치심에서 벗어나지 못하는 우리의 허영심을 공격하는 중독자본주의 시스템의 글로벌 공룡 기업들이다. 열등한 자신이 수치스러운 우리는 상처 받은 내면아이를 성장시키는 방법보다는 값비싼 명품과 같은 자본주의 상품의 브랜드파워 뒤에 자신을 숨긴다. 우리가 현실도피를 위해 숨는 것이 어디 자본뿐인가? 밈(Meme)[3]과 같은 순간적인 쾌락을 제공하는 숏 영상들, 틱톡, 숏츠, 릴스 등은 맥락도 없고 진실 여부도 알 수 없지만, 불안과 고통을 잠시 잊게 만들고 인간 두뇌를 산만함으로 가득 채운다. 몰입과 집중이 없다면 창조 또한 없다는 것을 생각한다면 미래사회에 있어 매우 위험한 요소라고 할 수 있다.

플랫폼의 구조 자체가 인간됨의 자유가 아닌 기계적 중독이 기반이 된다면 디지털 세이렌의 유혹에 좌초되는 배와 선원들

---

3) 문화를 전달하는 하나의 방식인 '모방'을 뜻하는 그리스어 단어인 'Mimeme'과 '유전자(Gene=진)'의 합성어. 문화정보가 마치 유전자처럼 퍼지는 것을 의미. '짤방(짤림방지)'과 비슷.

처럼 아이들의 미래는 매우 암담하다. 늦기 전에 대안을 생각해야 한다.

우리는 무엇보다 우리가 왜 강박적인 중독에 빠지는지에 대해 다시 한 번 정리해 보아야 한다. 이는 단순히 아이들만의 문제가 아니라 여전히 유아기 '내면아이'로 살아가며 돈과 명예의 파워에 의존해 살아가고 있는 우리 성인들의 강박적인 중독적 삶의 문제이기도 하다.

중독 깨기

행복을 위해, 삶의 불안을 제어하기 위해 일상을 중독적 패턴으로 이어가지만, 중독의 결말은 결국 분열이며 불행이다. 특히 디지털 매체로의 과몰입은 남녀노소 세계인 모두 공통으로 안고 있는 인류의 당면 과제다. 중독적 설계로 인해 스마트기기와 디지털 시스템에 중독된 사유체계와 삶의 패턴은 현재 우리 사회 '청홍'의 극렬한 분열로 확인된다. 같은 시공을 살지만, AI와 디지털 알고리즘은 서로 다른 관점만을 강화시키고 신념과 이데올로기도 자본에 의해 좌우되는 중독자본주의 시대인 것이다.

상대적 기준으로 결정되는 사회적 생존은 더욱 큰 불안과 공포를 낳고 충분히 밥 먹고 살만한데도 불구하고 샤넬 백이 없다는 것을 군이 들추어가며 스스로 의식적 빈곤을 조장한다. 인스타와 페이스북 메타의 삶에는 부모님의 부고 이외에 슬픈 스토리는 없다. 모두 화려한 명품의 삶과 화려한 먹거리만 난무할 뿐, 가난하고 비루한 삶은 없다. 그래서 인터넷의 삶은 가짜다.

학령기 아이들인 알파세대[4]와 Z세대[5] 아이들에게 현실은 바로 조작된 메타버스로 다가온다. 스스로 깨어 사물과 현실을 관찰하고 통찰하며 스스로의 길을 개척하는 미래세대 육성이 절실하다. 습관적이고 중독적 삶에 대한 대안으로서 수행적 삶의 태도를 기르는 교육과정이 시스템화되어야 한다는 것이다. 수행자들은 유혹을 참고, 비난을 삼가고, 고통과 불안을 견디며, 자존심을 잠재우고, 목적과 의미가 넘치는 삶을 꾸릴 수 있기 때문이다.

태어날 때부터 수행자인 사람은 없다. 수행자는 다양한 삶의 환경으로부터 출발해 환골탈태를 목표로 스스로 수행자로서의 삶을 선택한 사람들이다. 〈수도자처럼 생각하기〉의 제이 셰티(Jay Shetty)는 수도자가 된다는 것은 누구나 받아들일 수 있는 하나의 '마음 자세'라고 말했다. '득도'라는 목표를 추구할 때 경험할 수 있는 노력과 희생과 원칙과 끈기의 가치를 알아가는 과정이 바로 수행으로서의 교육과정이다. 이제 우리는 차

---

4) Z세대의 다음 세대를 의미한다. 보통 스마트폰이 대중화된 이후에 태어난 2007년 초반부터 2020년대 중반까지 태어난 세대를 알파세대로 분류하며, 역대 세대 중 최초로 세대 구성원 전원이 21세기에 출생한 세대이다.

5) X세대의 자녀들로, 인터넷과 휴대폰이 없는 세상을 상상할 수 없는 세대. 인구층이 가장 얇고 평균 가족 수는 가장 적은 특징이 있다.

분함과 고요함, 마음의 평화를 찾아야 함은 물론 그 어떤 유혹이 온다 해도 자신의 길을 꾸준히 살아가는 디지털 메타버스 시대 생존 방법을 우리 아이들에게 최소한의 유산으로 물려줘야 한다.

인터넷의 이면에는 중독과 고립, 방치가 도사린다. 꿈과 목표를 이루지 못한 사람들의 욕구를 대리만족시켜주는 인터넷은 그 은밀함과 접근성으로 새로운 중독의 온상이 되었다. 온라인 게임 의존, 사이버 음란물 중독, 소셜 네트워크 의존증을 유발하며, 도박 중독과 쇼핑 중독 등 기존의 중독 질환도 인터넷으로 무대를 옮겨가고 있다. 인터넷 미디어를 언제 어디서든 접할 수 있는 세상에서, 아이들은 어떻게 자제력과 판단력을 유지할 수 있을까? 어쩌면 동양적 명상만이 답이다. 명상을 통한 의식의 각성.

명상의 목적은 자신의 신념과 가치관, 의도, 자신을 바라보는 태도, 의사결정을 내리는 방법, 마음을 수련하는 방법, 사람을 선택해서 교류하는 방법 등에 대한 자각과 성찰이다.

현재 홀로그램과 같은 아바타가 개발 중인데 아바타를 내 마음과 같이 움직인다는 프로젝트다. 우리의 마음까지 소프트웨어가 좌우하게 된다면 우리는 개별적 열등감과 상처 없이도, 권력을 쥔 빅브라더의 통제에 따라 '모던 타임즈'의 채플린처럼 중독적인 패턴의 생각과 삶을 반복하며 기계 알고리즘의 주도하에 기계적으로 살아가는 시대를 다시 열게 될 것이다.

중독과 멸의 알고리즘 '콤포지션(Composition)'

디지털 알고리즘은 윤리와 도덕을 모른다. 그리고 아이와 어른을 구분하지 않고 친절하다. 구글 검색창에 '키스하는 법'을 입력한 어린아이들에게 디지털 포르노의 세계를 열어줄 뿐더러 성매매의 힌트까지 제공하는 등, 친절하게 디지털 매체의 중독을 조장해왔다. 코로나 이후 온라인 등교로 1인 1스마트기기 시대에 돌입해있으니 아이들이 디지털 세이렌의 유혹에 더욱 쉽게 다가갈 수 있는 접근성 또한 완벽해졌다.

필자는 우연한 상담과정에서 남자아이들이 성(性)적인 고민이 심각하다는 것을 알게 되었다. 몇몇 아이들에게는 경찰서 여성청소년계와 연계하여 성범죄 예방교육을 진행했지만, 그중 한 아이는 결국 유혹을 못 이기고 성매매 관련 처벌을 받기도 했다. 그런데 상담 학생들의 범위가 여학생으로 넓어지면서 문제의 심각성이 드러났다. 여학생들 또한 남학생들과 비슷한 문제를 갖고 있었고, 온라인 성매매까지 마수가 뻗치고 있음을 확인하며, 이는 아이들 개인의 문제가 아닌 디지털 온라인 시스템의 사회적 문제라는 생각으로 사유가 확장되었다. 상담 학생들이 대체로 우리에게 익숙한 일상 도구가 되어있는 카카오톡, 페이스북 메타, 인스타그램, 텔레그램 등 세이렌 서버의 플랫폼들을 이용해서 디지털 포르노와 섹스팅은 물론 성매매 라인까지 쉽게 연결되고 있다는 것을 확인했기 때문이다. 더욱 놀라운 것은 채팅창에서 섹스팅이라 불리는 노골적인 생식기 사진 교환과 같은 일이 벌어진다는 것이었고, 이를 일정 금액을 주고 거래도 한다는 것이었다.

아이들이 주로 이용하는 세이렌 서버의 메타버스 플랫폼들은 슬롯머신과 같은 즉각 보상의 중독적 메커니즘 시스템으로, 도파민 쾌락은 물론 사용자들이 강박적으로 해당 플랫폼에 접선하여 자사의 수익을 창출하도록 다양한 즉각적 보상을 제공하고 있다. 뿐만 아니라 극단적 먹방, 디지털 포르노, 마약 등 강력한 중독을 초래하여 육체적·정신적 건강문제에 대한 위험 수위를 높이고 있다. 이는 디지털 중독이 단순한 테크놀로지의 문제가 아니라 거대한 글로벌 IT기업들의 중독적 상품자본주의 시스템의 폐해로 관점을 변화해서 생각해봐야 함을 의미한다. 아이들의 중독 행동의 패턴을 단지 한국 청소년들의 개인적인 문제로 좁힐 것이 아니라 글로벌 차원에서 미래세대의 삶과 생존의 문제로 다시 생각해야 한다는 이야기다. 담배, 알코올, 마약 그리고 우리의 생각은 물론 사람 관계에 중독되는 것은 단순히 우리가 의지가 약한 사람이라서가 아니라 사회적 환경과 시스템 문제와 연결되어 있다는 것을 우리는 안다.

스마트폰 출현 이후 일반화된 다양한 디지털 소셜 미디어 앱들은 중독성이 매우 강하다. 이런 앱들은 즉각 보상 시스템으로 달콤한 보상은 모두 제공하되 중독자본주의의 폐해에 따른 그 어떤 책임도 지지 않는다. 결국 아이들을 디지털 시스템과 중독자본주의의 착취적 구조에서 보호하려면 사회 구성원들이 중독의 본질적인 메커니즘을 알아야 하고 그들 스스로의 존재를 스스로 돌아봐야 한다는 결론에 도달하게 되었다.

필자는 이전에 쓴 〈메타버스 스쿨혁명〉에서도 이제 교육은 학습자가 수행하듯이 자발적인 호기심과 상상력을 기반으로 꾸준히 자기주도적인 배움을 추구하면서 수행적으로 변환되어야 한다고 제안했다. 그리고 사춘기 청소년들의 상담과정에서 문제의 심각성을 다시 한 번 인지하게 되었고, 교육의 수행적 배움으로의 전환에 대해 고민하던 중 〈금강경〉의 '무아'와 '무주상보시'에서 아이디어를 착안하여 연기법과 십이연기, 계·정·혜 삼학, 중도, 팔정도,[6] 사성제 등의 붓다의 근본 가르침이 중독적 사유를 해독할 수 있는 '으뜸 가르침'으로, 다양한 중독과 회복 프로그램이 될 수 있다는 생각을 하게 되었다.

바로 이러한 생각을 구체화하기 위해 이 책의 기본 아이디어는 〈법륜 스님의 금강경 강의〉와 〈법륜 스님의 반야심경강의〉, 정토불교대학과 경전반 강의 노트로 기본 뼈대를 설계했다. 이어서 일타, 탄허, 종범, 혜암, 법정, 문광, 법상스님, 김원수법사님 등의 유튜브 강의를 통해 미진한 불법의 지혜를 공부했고, 박문호, 전현수, 신영철 박사님의 유튜브 강좌를 통해 뇌과학

---

6) 고귀한 여덟 개의 올바른 길. 팔성도(八聖道)라고도 한다. 불교의 가르침 중 핵심으로, 석가모니가 가장 먼저 설법하고 또한 가장 마지막에 설법한 수행법이다.

과 중독의 원리는 물론 카를로 로벨리(Carlo Rovelli) 현대물리학의 양자이론을 더듬더듬 공부하며 구체화시켰다. 그러나 막상 책으로 엮어보니 여전히 헐렁하다. 하지만 그것이 또한 가능성임을 믿어 의심치 않는다. 누군가 또 그 헐렁한 부분에 지혜를 더하게 되리라.

중독이란 아이들만의 문제가 아니라 디지털 메타버스 사회를 살아가고 있는 모든 세대의 현안 문제다. 어떤 것이 습관이 되면, 습관이 축적되며 다시 욕망이 일어나고 다시 또 같은 반복이 일어난다. 삶이란 습관의 흐름이며, 이것의 연속 작용이 업(카르마)인데, 업이 바로 운명이 된다. 그러나 업은 자신의 사고패턴과 행동패턴에 의해 만들어진 것이기에 그것을 변화시키면 새로운 삶을 살아갈 수 있다. 그 변화를 추구하는 것이 바로 교육이고 우리가 미래를 희망적으로 내다보는 이유다. 종범 스님이 말씀하셨다.

"얼음조각 거북이의 실체는 얼음이고 사실 얼음도 실체는 물이다. 얼음조각 거북이를 거북이로 보는 것은 생각이고, 실상은 얼음이고 얼음의 실상은 물이다. 거북이가 더 좋냐 못생겼냐는 조각일 때만 가능하고 물로 보는 순간 얼음 거북은 의미가 없어진다. 지혜로 돌아가면 매 순간이 만족하다. 있으면 있는 대로 만족하고 없으면 없는 대로 만족하다. 만족을 구하지 말고 부족함이 없는 것을 봐라. 정안묘법. 맑은 눈으로 보면 만족함이 있다. 해탈이다."

우리가 다음 세대 교육을 통해 보여줘야 할 것이 바로 부족함이 없는 존재의 실체다. 이미 온전히 채워져 있는 충만한 존재로서의 삶과 운명. 그러니 애쓸 것 없이 집착하지 말고 여유를 즐기며 함께 더불어 춤추고 노래하며 살아가면 된다. 서로가 서로의 한 부분이고 전체임을 알면서 다독거리며 살아가는 지혜를 수행적 교육을 통해 나누면 된다. 부모와 교사는 물론 우리 자신 삶의 풍요를 위해서도 바로 이 점에 깨어 있어야 한다.

몬드리안의 '콤포지션(Composition)'

카를로 로벨리의 책을 읽으면서 불교의 무아와 무상을 더 깊이 공감하게 된다. 카를로 로벨리에 의하면 존재가 먼저 있는 것이 아니라 시간과 공간의 관계가 먼저 있고 그 인연에 따라 존재가 발생함은 물론 우리 존재의 근원인 양자는 한시도 쉬지 않고 끊임없이 변화하는 물방울과 같아 그것을 그것이라고 규정할 수 없다고 한다. 불교에서도 존재는 시간과 공간의 상호 연관 속에서 인식하게 되는 것으로 '이것이 있으므로 저것이 있고, 이것이 없으면 저것도 없다'는 연기론에 따라 존재의 유일함이란 무아요, 무상이다. 더불어 세상 모든 것은 한 원인이 주변조건과 상응해서 일어나며 끊임없이 변화된다.

신조형주의(Neo-plasticism)의 대표 화가 몬드리안(Pieter Cornelis Mondrian)이 창조한 '콤포지션' 안에도 수평과 수직의 구성 관계가 십자 무늬를 통해 등장하며 만물의 작동원리가 음양의 조화로 관계되어 있음을 보여주고 있다. 어쩌면 삼라만상은 하나의 원천에서 비롯되며 정신과 물질은 불가분하게 통합되어 있다는 신지학에 몰입해있던 몬드리안이 〈주역〉의 낙서와 팔괘를 포함한 동양철학의 크로스(and) 또는 연(連)의 근원적 세계관의 진수를 담은 것인지도 모를 일이다.

몬드리안은 미술이 존재의 객관적 실재, 즉 모든 형태를 배제하고 환골탈태한 현실의 참된 모습을 표현해야 한다고 여겼다. 그의 단순한 선은 근원으로서의 원자의 가장 기본적인 형태이며 삼원색으로 칠해진 면은 크기와 색채는 차이가 있으나 같은 가치를 지닌다는 혁명적인 사고를 담고 있다. 황지우 시인의 시적 언어로는, "나는 너다".

몬드리안의 작품 구성 안에 있는 선과 면 모두가 유기적 콤포지션으로, 상황에 따라 최적의 구성을 위해 모양과 색은 물론 크기와 배치 등이 끊임없이 변화하며 통합된다는 점에서 그렇다. 재즈적이기도 할까? 언어로 다 표현되지 않는 유기적인 성격은 어쩌면 생명의 근원과 인류의 다양한 삶이 담긴 역사라고도 할 수 있을 것 같다. 이는 카를로 로벨리의 이론처럼 모든 것은 거품 형태의 양자 단위가 근본이라는 주장과 부합됨은 물론 그 양자가 정형화된 형태가 아니라 끊임없이 움직이는 상태이면서 핵 변화를 일으키면 원자는 변형되어 질이 전혀 다른 차원으로 변한다는 말과도 맥락이 같다. 변화의 층을 달리하면 이 세상 존재하는 모든 것들은 끊임없이 변화한다.

붓다의 말처럼 끊임없이 변화하기에 고정된 나는 없다. 그러니 '무아' 그 자체인 것이다. 그 말은 곧 부처님이 우리 중생들 모두가 해탈하면 부처가 될 수 있다고 한 말과도 같다고 할 수 있다.

부처님이 중생들 모두가 해탈과 열반의 길을 갈 수 있다는 혁명적 생각을 위해 모든 것을 내려놓았던 것과 마찬가지로 몬드리안도 죽을 때까지 부귀영화에 굴하지 않고

"남이 무엇을 하든 그것이 중요한 것이 아니라 내가 어떻게 살 것인가, 어떻게 나의 삶의 철학을 그림으로 표현할 것인가?"

에 집중하며 초지일관 몰입했다. 이처럼 누구와도 비교할 수 없는 연기론적 '무아' 사상과 그것을 그대로 관찰하고 이해하는 불교의 수행적 관점은 물질과 타자에 의존하는 중독이라는 관점을 다시 생각하게 하고 그를 극복할 수 있는 교육적 대안이 될 수 있다. 바로 이런 점에서 불교 철학적 접근과 수행을 중독자 치료 프로그램으로 만든 'MIT 마음챙김센터' 저드슨 브루어(Judson Brewer) 교수의 프로그램은 매우 혁신적이라고 할 수 있다. 그는 팔리어로 된 근본 불교 경전을 공부하면서 수행자로 수련하며 불교의 수행법을 뇌과학적 연구방법에 접목해서 좋은 성과를 거둘 수 있었다. 필자의 경우도 법륜스님이 이끄는 정토회 교육프로그램을 통해 불법을 공부하고

7년째 새벽기도를 다니면서 스스로 경험한 삶의 변화에 기대어 디지털 메타버스 시대에 스키너의 '행동 엔지니어링'과 같은 '중독자본주의 사회시스템' 속에서 자신의 삶에 대한 주체적 통제권을 가지고 살아갈 수 있는 교육 대안에 대해 고민했고, 그 답을 금강경의 무아와 무주상보시의 가르침에서 얻었다.

슬롯머신의 즉각보상이라는 중독적 시스템으로 만들어진 디지털 메타버스 플랫폼에서 지내는 시간이 많아지는 MZ세대는 물론 현재 학령기 아이들인 알파세대 아이들의 삶이 디지털 알고리즘에 의해 좌지우지되고, 습관적인 '생각중독'과 '중독적 사고'의 소비자로 전락하는 현실에 대한 대안이 절실하다. 〈금강경〉의 '무아와 연기론, 무주상보시'를 근간으로 꾸준히 수행하듯 교육한다면 안일하고 노예적인 무의식적 사고방식의 패턴을 바꿔서 당당하고 주체적인 아이들로 키울 수 있겠다는 생각이 들었다. 그와 더불어 카를로 로벨리 박사의 양자의 비정형성과 저드슨 브루어 박사의 마음챙김 명상을 통한 금연프로그램의 성공을 확인하면서 더욱 확신을 가지게 되었다. 그래서 〈금강경〉을 비롯한 근본불교를 토대로 '교육으로서의 수행'에 대한 교육 대안을 한 권으로 책으로 내놓게 되었다. 그러나 불교 외에도 수행적 수련이 가능한 다양한 스포츠나 종교적 수련은 물론 예술 또한 수행적 교육 훈련으로 유의미하게 작동할 수 있다.

남이 무엇을 하든 그것이 중요한 것이 아니라 내가 어떻게 살 것인가, 어떻게 나의 삶의 철학을 그림으로 표현할 것인가? 를 집요하게 천착하며 그림을 그린 몬드리안의 삶 또한 수행적 삶이었다. 그림이 그의 철학이며 수행 도구이며 우주적 명상 그 자체였다. 그뿐인가? 수련 과정에서의 고요함과 몰입의 에너지가 함께하는 움직이는 명상적 수행기능을 하는 태극권 같은 동양의 무예들과 다양한 요가 명상 등 수련 공동체의 공동체적 삶의 연습 또한 교육적이다. 뿐만 아니라 정토회처럼 교육을 수행적 관점으로 변환시켜나갈 때 학습자(수행자)의 자발적 선택과 꾸준한 참여라는 태도와 자세 자체가 학습자중심 자발적 평생교육의 사례가 될 수 있다.

해리와 '책마을해리' '콤포지션(Composition)'

책을 내야겠다고 생각하니 바로 떠오르는 공간이 있었다. 바로 고창 해리의 출판사와 북스테이가 함께하는 '책마을해리'였다. 그 어떤 조건도 따지지 않고 무조건 책마을해리에서 책을 내겠다고 결심한 것은 2021년 11월 〈메타버스 스쿨혁명〉 특강을 한 바로 그날이었다. 고창 해리 인근에 사는 초·중·고 학생들이 전국단위에서 모인 대학생과 스탭들의 지도를 받아가며 1년 동안 지속한 '책학교' 프로젝트를 마치는 자리였다.

우린 돈도 많고 학교도 많고 사람도 많은 나라에서 산다. 하지만 돈이 많고 학교가 많고 사람이 많다고 해도 쉽지 않은 일이 있다. 그것이 바로 지속적인 사랑과 관심으로 진행되는

'교육'이다. 그것도 교육기관도 아닌 출판사가 운영하는 책 공간에서 1년 단위 청소년 교육을 진행한다는 것 자체가 큰 감동을 주며 전율이 왔다. 사람에 대한 사랑, 자신이 사는 지역 공간에 대한 사랑, 자신이 살아있는 이 시간에 대한 사랑으로 아름다운 공간과 먹거리, 아름다운 책과 언어로 아이들이 새로운 존재로 변화되길 바라는 작고 영롱한 기도가 보였기 때문이다.

그날의 고창, 해리, 책마을해리의 시·공간에서 맺어진 관계가 만들어낸 새로운 존재 탄생의 '콤포지션'. 그 찰라의 존재들은 모두 충만함 그 자체였고 존경받고 존중받을·만한 존재들이 분명했다. 마음을 다해 책마을해리 가족들에게 진심으로 감사의 마음을 올린다.

함께 책을 만드니 고창스럽게 청명하고 선운사 찻잎처럼 파랗게 즐거웠다. 김정배 작가와 글과 그림으로 새로운 관계를 구성하고 디자인하게 되어 기쁘다. 존재가 새롭게 태어난다는 것 또한 우리 마음이 짓는 일임을 알았다. 몬드리안의 콤포지션 안에 담긴 우리 존재의 근원, 끊임없이 변화하는 우리 삶의 기쁨을 알겠다. 이제 마쳤으니 내일은 또 오늘과 다른 삶이 될 것이다. 이제 시작이다.

0교시

학교 가는 길, 생각중독

Core lesson 공포

암튼 내가 먼저 하고 싶은 이야기는 1979년 중학교 1학년이
던 '라떼'나 2022년 현재 호모메타버스 알파세대 아이들이나
'생각중독'의 패턴은 대동소이하여 삶의 변화를 위해서는 자기
삶에 책임을 느끼고 생각중독의 무한궤도에서 벗어나야 한다
는 것이다. 늘 남들과 똑같이 안전하고 배부른 삶을 위해 살
다 보면 기계적이고 중독적인 삶에 의해 파생된 결핍들로 중
독매체와 중독행동에 의존하게 되고 결국 '중독적 사고'에 함
몰되어 부정적인 사고로 삶이 파괴될 수 있기 때문이다. 행복
하고 싶다면 먼저 부모와 교사, 사회·문화·경제 시스템에 의
해 만들어진 행복에 대한 개념부터 새롭게 다시 자기규정으로
개념화해야 한다.

우리는 그것을 자기만의 라이프스타일이라고 말한다. 그러
나 기존의 사회적 규정과 가치를 벗어나 독자적 삶을 살아갈
용기가 없고 두렵고 공포스럽다면, 자발적인 자기 수련으로
매일매일 꾸준히 심력을 다져나가면 된다. 선을 넘지 말아야
한다고? 아이들이 위험해진다고? 그렇지 않다. 우리의 삶과 교
육에 대해 무엇을 모르고 있는지를 먼저 생각해봐야 한다. 안
전함이 혹시 울타리에 가두고 사육하는 상태는 아닌지 다시
점검해 보아야 한다. 우리에 갇힌 짐승은 몸도 마음도 모두
자유롭지 못하다. 무지한 짐승들은 자기합리화에 빠져 자신의

부족한 점을 살피지 못해 결국 노예적 삶을 살아가게 된다.

개: 혹시, 그거 알아? 내가 갇힌 이 우리가 7성급 호텔이라는 거? 개 목줄도 루비통이야.

나: 그래 봤자 개 줄이잖아. 네 삶을 주인에게 내맡긴 채 네 자유를 반납한 거잖아. 개 껌과 사료 한 그릇으로 온전히 통제받으며 사육당하고 있잖아.

개: 그렇지만 안전하지. 주인 가족은 날 진심으로 사랑하거든. 간식도 많이 주고.

나: 그렇지만 주인이 너처럼 개 사료를 먹지는 않잖아? 넌 먹이로 통제당하고 있는 거야.

개: 내가 원한 길들여짐이야. 방안에 가만히 있어도 맛있는 것들이 잔뜩하고 사랑받고.

나: 네 진심을 말해 봐! 혼자서 거친 들판에서 사냥하고 비 맞고 잠들기가 무서운 거지?

개: 두렵지 않다면 거짓말이지. 거친 들판에서 혼자된다는 것 자체가 공포야!

나: 그래도 네 조상은 용감한 늑대였잖아. 인간에게 길들여지기 전까지는.

개: 수 만 년 전의 일이야! 이젠 차라리 나를 토이(toy)라고 불러줘! 이제 인간이 주는 간식 없인 살 수 없어. 벨 소리만 들려도 침이 고인

단 말이야. 야생의 밤은 두렵고 공포스러워!

이슬과 비처럼 선한 기운의 자연도 어떤 것을 계기로 힘이 뭉쳐지면 태풍으로 돌변하여 여지없이 삶을 파괴하는 살기(殺氣)가 된다. 정치·경제 권력에 무비판적으로 주도권을 넘기는 우리의 길들여진 사고와 행동들은 어느 순간 우리 자신의 삶을 위협하는 공포로 변할 수 있다는 사실에 깨어 있어야 한다. 디지털 메타버스의 중독자본주의 시스템은 불안과 공포로 사람들을 단순한 상품 소비자로 조작한다. 편리와 안전을 이유로 현대과학기술 문명의 폭주에 아무런 비평도 없이 무의식적으로 주도권을 넘겨주게 되는 생각의 토대가 바로 두려움과 공포와 같은 중독적 사고다.

Object lesson 지각생의 공포 3단계

1979년 6월, 그날따라 알람시계는 유독 시끄러웠어. 8시까지 교실에 들어가려면 세수하고 교복 입고 도시락까지 싸서 25분 거리를 달려야 해. 암튼 정신없이 수돗가로 달려가 플라스틱 바가지로 물을 떠서 두세 번 얼굴에 찍어 바르고 돌아서는데 걱정과 놀람으로 가득한 얼굴의 주인아주머니와 딱 마주쳤어. 난 그 당시 중학교 1학년이었지만 언니를 따라 시골에서 대전으로 전학을 온 보기 드문 중학생 자취생이었거든.

"작은 학생! 다쳤슈? 이마에 피가 많이 흘렀네? 무슨 일 있었슈?"

어? 세수할 땐 몰랐는데, 주인아주머니 말씀을 듣고 손으로 이마를 만져보니 피딱지인 듯 이마가 덕지덕지했고 수건에 묻어 나온 피를 보니 갑자기 눈물이 왈칵 솟구쳤지만, 교문 앞에서 '벼락 맞은 대추나무 방망이'를 들고 등교 지도하는 학생생활과장님과 마주하는 공포에 비하면 아무것도 아니었어. 그리고 공부하라고 대전까지 유학을 보내주신 부모님을 또다시 욕 먹일 수 없다는 비장한 각오로 말했지.

"네! 괜찮아요. 자다가 책상 모서리에 부딪쳤어요. 저 지각할 것 같아요."

주인아주머니와 대충 대화를 마무리하고 교복으로 갈아입기 위해 자취방으로 향하는데 설움이 울컥 올라오더라. 언니는 이미 빛의 속도로 학교를 향해 출발한 듯했고, 눈물을 찔끔거리던 나는 도시락을 싸기 위해 부엌으로 향했어. 그런데 뭔가 후다닥 사라지는 싸한 느낌? 우리 자취방 바로 옆 재래식 화장실에서 득실대는 쥐를 잡기 위해 어제 쥐약을 놓았다던 주인아주머니 이야기가 생각나면서 소름이 쫙 끼쳐오는 거야. 난 정말 쥐약 먹은 쥐와 개가 너무너무 무서워.

파랗게 불붙은 눈으로 마당을 미친 듯이 질주하는 쥐약 먹은 개 봤어? 눈에서 파랗게 불을 뿜으며 고통의 가속도를 따라오지 못하는 네 발로 죽음의 무한궤도를 향해 달리는 그 처절한 고통의 이중성은 완전히 압도적이야! 그렇게 생각하니 쥐가 입에 피를 흘리며 사지를 벌벌 떠는 것쯤은 아무것도 아니라는 생각이 들면서 도시락 싸러 부엌에 들어갈 용기가 생기더라구. 부엌에선 여전히 뭔가 달그락거리는 소리가 들리긴 했지만 지각해서 학생생활과장님께 손바닥을 맞는 것에 대한 공포가 더 컸기에 재빨리 밥을 퍼서 도시락통에 담기 시작했어. 하지만 삶은 항상 한 고개 넘어 두 고개인 것 같아!

주말에 금산 부모님 댁에 가서 반찬을 가져왔어야 했는데, 월례고사가 있어서 못 갔던 탓에 도시락 반찬도 다 떨어진 거야. 그렇다고 신 김치를 싸가기는 죽도록 싫고, 결국 소고기 힘줄만 밤톨만큼 남은 장조림 간장을 동그란 스텐 반찬통에 담아 학교를 향해 뛰기 시작했어. 하지만 "니들 부모님이 그렇게 가르치셨냐?"를 연발하시는 학생과장님의 목소리가 먼저 앞장서서 달리더라. 엄마가 늘 부모 얼굴에 흑칠하지 말고 바르게 행동하고 착하게 살라고 말씀하셨는데, 맨날 지각이니 그야말로 불효녀였던 거지.

나는 평소 구석진 판자촌 3평짜리 자취방에 불만은 없었어. 하지만 지각이 뻔히 예상되는 아침이면 크고 작은 언덕을 두 번쯤 오르고 내려야 하는 이런 곳에 자취방을 얻어주신 부모님 원망이 절로 나왔어. 아무리 속도를 내서 달려도 처음 출발한 제자리인 느낌이랄까? 다람쥐 쳇바퀴 같은….

학교 가는 등굣길은 대문을 나서자마자 슈퍼마켓을 지나고 '함태 연탄집'을 끼고 커브를 돌면 또 누군가의 초록 양철 대문 집을 두 개 지나면서 가파른 언덕길이 시작되었어. 언덕의 끝이자 시작인 그곳엔 대전교도소 콩밭이 길 양쪽으로 넓게 펼쳐져 있었어. 교도관의 지시에 따라 콩밭에서 줄을 맞춰 일하던 청회색 죄수복의 아저씨들이 언덕 위를 달리는 나에게로 동시에 시선을 돌리면 두렵고 무서웠지만, 겁먹을 새도 없이 "나쁜 사람 되지 말아야지" 생각하며 쌩하니 뛰어서 지나쳤지. 무엇보다 지각하고 싶지 않았거든. 하지만 그렇다고 해서 평소 내가 가지고 있던 의문이 가신 것은 아니야! 죄수들이 일렬로 서서 콩밭에서 허리 굽혀 일할 때 교도관 아저씨들은 함께 일하지 않고 담배를 피워 물거나 그 아저씨들만 바라보고 있는 것이 왠지 불평등한 느낌이 들더란 말이지. 매일매일 그런 의문이 들었지만, 윤리선생님은 본인이 낚시로 잡은 물고기 이야기를 하시느라 내게 질문할 시간을 주지 않으셨어. 아니, 10개 반 수업이 힘들다며 자신이 녹음해온 윤리수업 카세트테이프를 틀어놓고 의자에 앉아 졸고 계셨기에 질문 자체가 불가능했던 거야!

오늘은 수업시간마다 까다로운 선생님들이 포진한 마의 수요일이긴 하지만 그래도 6교시 윤리시간은 선생님 몰래 놀거나 잘 수 있으니 그래도 좋아! 윤리선생님은 이름처럼 민주적이시거든. 암튼 나는 서둘러야 하고, 8시까지 교실에 들어 가야 해. 이런 생각을 하는 사이 교도소 콩밭은 이미 멀어지고 학교가 있는 큰길 끝이 보이는 대로에 들어섰어.

학교가 보이고 희망이 보이기 시작하는 시간! 어린 나를 금산 시골에서 대전까지 전학을 보내신 부모님들은 오로지 공부 열심히 해서 좋은 대학 가고, 좋은 곳에 취직해서 돈 많이 버는 신랑 만나 행복하게 잘 살아야 한다고 말씀하셨어. 더군다나 엄마도 아버지도 가난 때문에 더하고 싶었던 공부를 다 하지 못하셨던 분들이기에 자식에게 거는 기대감은 무척 컸지. 특히 엄마는 외할아버지도 서당 선생님이셨는데, 동생들 키우느라 학교 공부는커녕 한자 공부도 제대로 못 했다고 늘 눈물을 글썽이셨어. 그래서 엄마의 꿈은 2남 2녀 자식들을 모두 대학생을 만드는 것이었어. 그런데 내가 대전으로 유학까지 와서 맨날 지각생으로 손바닥이나 맞고 다닌다는 사실을 아시게 된다면 얼마나 속이 상하시겠어? 사실 선생님께 손바닥 맞는 두려움보다 부모님이 지각생인 나를 알게 될까 봐 더 두려웠지.

　암튼 이제 대로로 접어들었으니 책가방 가슴에 안고 전속력으로 질주 시작! 숨이 턱턱 막혀 왔지만 교문에 도착했을 때도 달리기를 멈출 수는 없었어. 이러다가 어쩌면 가방 속 장조림 간장이 새서 교과서를 모두 적실지도 모르겠다는 생각이 들었지만 멈출 수는 없었어. '정직 성실 협동' 교훈 탑 뒤에서 이민주 선생님 목소리가 들려올 때까지 말이지.

　"야! 너! 금은형이 이리 와! 지금 시간이 몇 시야?"

　"안녕하세요? 죄송해요."

　"내가 너 같은 애들 때문에 윤리 선생을 했다. … 도덕적으로 정직하고 성실하게 살으라고 윤리도덕을 가르치는 거다. … 맨날 지각하는 거나 맨날 도둑질하는 거나 똑같은 도둑년이여. … 선생하고 부모에게 약속을 지켜야 사람이지. 너는 오늘도 지각했으니 사람도 아닌겨. 나쁜 년이지! 그러니 맞아야 싸지? 그렇지? 손바닥 다섯 대다. 니들 잘되라고 하는겨. 니들 부모들이 그래서 학교 보내잖여. 공부 열심히 해서 좋은 대학 가서 취직 잘해서 시집 잘 가서 잘 먹고 잘 살라고. 자, 어여… 이리 손바닥 내놔! 어여… 어여…."

손바닥을 맞기 전 두려움과 긴장감은 가히 공포에 가까운 것이었지만 차라리 맞고 나면 아파도 후련했어. 하지만 아직 긴장을 풀기엔 이른 시간! 두 번째 관문이 남아 있었어. 나는 다시 교실을 향해 뛰기 시작했지. 그리곤 드디어 신발장에 신발을 넣고 교실 뒷문을 드르륵 열었지.

예상했던 대로 담임선생님은 훈화 중이셨어. 교실에 들어서는 나를 바라보는 눈길에서 오늘도 나는 교무실로 불려가겠구나, 생각했지. 한 학년에 70명씩 16개 학급이나 되는 우리 학교에서 나처럼 자취하는 학생은 겨우 두 명에 불과해서 나는 요주의 관찰 학생이었어. 자취생활이 범죄도 아니고 단지 고생스러울 뿐인데 내가 왜 문제 학생이 되었는지는 이해할 수가 없었지만, 그래도 선생님은 지각할 때면 매일 교무실로 불러서 윤리교과서 10배 분량의 모범 학생의 조건을 카세트 오토리버스 기능처럼 무한대로 리바이벌하기 시작하셨지.

"부모님 실망시키지 말고, 용의단정하게 하고, 어른들께 예의바르게 인사하고, 청소시간에 솔선수범하고, 수업시간에 떠들지 말고, 친구들 도와주고, 공부 열심히 해서 성적 올리고, 성공해서 선생님 찾아오고, 인내는 쓰고 성공은 달고, 삶이 너를 속일지라도 슬퍼하거나 괴로워하지 말고, 책 많이 읽고, 선생님은 그럼에도 불구하고 너를 믿고, 명랑한 것은 좋은데 친구들과 너무 떠들지 말고…"

사실 모든 선생님과 부모님들의 말씀은 하나의 패턴을 가지고 무한 반복되고 있었어. 나는 곧 그들은 모두 다른 사람들이지만, 다 같은 이야기를 다른 어조와 뉘앙스로 반복하고 있다는 것을 눈치챘지. 그들은 하나이지 둘이 아니었던 거야. 그때 나는 무심코 생각했어. '아~~ 이러다 저분들의 생각에 중독되는 것은 아닐까? 다른 말을 하는 사람은 하나도 없잖아?' 암튼 드디어 1교시 종이 울리자마자 담임선생님의 잔소리는 기적처럼 스톱되었지. 하지만 오늘은 마의 수요일, 1교시 첫 시간부터 지옥도 김정자 선생님의 국어시간! 절대로, 절대로 늦어서는 안 되는 시간! 선생님이 교실에 들어오기 전에 태평양 한가운데 고요한 무인도처럼 부동자세로 앉아있지 않는다면 아주 고약한 욕을 수업시간 내내 견뎌내야만 한다는 사실을 모르면 맹구보다 더한 진짜 바보야!

Big lesson 이것이 있으므로 저것이 있고

부모가 자녀에게 어떤 눈빛과 태도로 말을 하는가가 아이 내면의 목소리를 만들어낸다고 하는 것처럼 선생님의 말과 눈빛과 태도 또한 학생들 삶에 지대한 영향을 미친다. 좋은 경험은 반복되면 신뢰와 믿음으로 바뀌고 그것이 경험명제가 되어 양질의 기억과 지식으로 재생산되면서 인류의 지혜로 축적된다. 뻔한 지식 명제와 규범 명제만 무한 반복되는, 뻔한 말만 반복되는 세계는 진보가 아닌 정체된 지루한 세계다.

초등학교 때 내 기억의 핵심은 매일매일이 너무 지루했다는 것이다. 심심해서 열 살 때 아버지가 읽으시던 〈대물〉이라는 일본 색정소설에서 발견한 동경의 밤 세계와 검정레이스가 달린 실크 란제리의 매혹은 물론 〈한국관광도감〉 한 페이지를 장식한 성북동 대원각 담장 너머 들리는 기생들의 가야금 소리와 컬러풀한 비단 한복의 신세계가 나를 자극하기는 했지만….

우리가 하는 생각과 말들은 45억 년 전 박테리아부터 시작된 삶의 지혜(? 또는 습관?)들이 중독적으로 반복되면서 보편적이고 일반적인 패턴이 되어 생각에너지가 응축된 세계로 발전한 것인지도 모르겠다. 그래서 우리의 생각과 상상력은 결국 현실이 되는 것일까?

현대인들이 '행운과 부와 운'을 향해 맹목적이고 중독적인 패턴으로 살아가는 것도 행복하고 즐겁게 살고 싶다는 욕망의 상징과 표현만 다르지, 같은 것이다. 이런 중독적인 패턴의 생각들은 무의식 속에서 반복되면서 공부를 잘하면 모범생이고 공부를 못하면 열등생이라는 흑백논리를 당연하게 받아들이게 만들었고, '명랑쾌활하나 주위 다소 산만'했던 나 같은 일반 아이들은 선하고 착한 의지를 가지고 있어도 결코 모범생 대열에 들어설 수 없는 보편적 열등감을 갖게 된 것인지도 모른다. 사실 세계를 끌어가는 리더 그룹들이 법과 규범을 만드는 사법기관 출신들이 대부분이라는 것도 같은 맥락이라고 할 수 있다. 그들은 법을 이용해서 자신들에게 유리한 시스템을 만든다. 자신들에게 유리한 시스템을 만든 자들이 결국 권력을 갖는다.

공부 잘하는 모범생들이 법관이 되고, 처벌을 동반한 사회적 지배 규범인 법을 만들고, 일반인들을 지배하기에 모순과 부조리함이 있어도 국민들은 그들의 통제에 순종하게 되는 원리는 현대에 이르기까지 변하지 않는 지배논리다. 그러니 법관이 되는 1등 빼고는 모두 열등감과 수치심에 휩싸여 삶을 견뎌내기 위해 중독적인 삶의 패턴을 따르며 살아가게 된다는 것은 어쩌면 당연한 것인지도 모르겠다.

2020년 청소년 고민에 대한 통계청 자료를 보니 필자가 중학생이던 시절보다 43년이 지난 오늘날도 여전히 아이들의 고민 1위는 성적이다. 외모, 돈과 직업, 건강, 친구 문제가 뒤를 이었으며 인터넷중독에 대한 고민이 6위를 차지했다.

호모메타버스 알파세대 아이들은 흡연이나 알코올중독이 아니라 인터넷중독에 대한 고민이 더 많다는 것 정도만 빼고는 40여 년 전 아이들이나 코로나 이후 알파세대 아이들이나 모두 고민이 한결같다. 어쩌면 오랫동안 내려오는 역사적 가

2020 청소년이 고민하는 문제(통계청자료)

외모	16.6
신체적·정신적 건강	6.6
가정환경(부모의 불화 등)	2.1
가계경제 어려움	0.7
용돈부족	4.5
공부(성적, 적성 등)	40.9
직업(직업선택, 보수 등)	7.3
친구(우정)	5.1
연애 상대와의 관계(성문제 포함)	0.3
학교(원) 폭력	0.2
흡연, 음주	-
인터넷중독(채팅, 게임 등)	3.3
기타	0.5
계	100

치와 규범과 사회적 신념들이 '생각중독'적으로 카르마처럼 반복되는 패턴이 있고, 그것이 바로 사회적 특이성을 만들어내면서 부조리한 억압 심리를 만들어내기도 한다는 사실을 입증하는 것이다. 이는 내가 불행해서가 아니라 내 삶을 규정하는 잣대가 나를 불행하다고 분류하고 있기 때문이라고 생각하면 바로 해소될 문제다. 그러나 우리는 아직 큰 지혜를 갖지 못했다. 그렇기에 '한(done) 생각 바꾸기'를 연습하고 공부해야 한다. 이를 위해 이제 교육은 정책적으로 학령기 아이들을 학년별로 지도하는 차원을 뛰어넘어 자발적으로 자신의 무지를 깨치고 중독적인 삶의 패턴으로부터 벗어나 스스로의 삶을 새롭게 디자인해서 자신만의 스타일대로 살아가는 수행적 시스템의 평생교육으로 발전해 가야 한다.

중독적 삶에서 창조적 자기 삶으로 변환하려면 무엇보다 지속적으로 무지에서 깨어 있는 연습이 필요함은 물론 자기를 성찰하고 자기를 알아가고 자기를 찾는, 그래서 자신 삶의 주인공으로 주체적 삶을 살아가는 한 차원 높은 교육프로그램과 훈련이 필요하다. 필자는 바로 그 대안을 법륜 스님이 이끄는 수행공동체 정토회의 불교대학 수업과 법륜 스님의 〈금강경〉 강의를 통해 학습한 연기법과 매일 새벽 108배 수행기도에서 힌트를 얻었다.

"이것(욕망, 결핍)이 있으므로 저것(중독적 사고와 행동)이 있고 이것(중독적 사고와 행동)이 없으면 저것(욕망과 결핍)도 없다"는 것은 결국 '상을 짓지 말고 나라고 할 것이 없다'는 무상과 무아의 지혜이다. 만약 내가 나라고 할 만한 것이 없다면 너와 나를 구분하는 것으로부터 시작되는 '상처, 열등감, 소외, 수치심'과 같은 중독적 사고의 핵심 개념을 해소할 수 있지 않을까. 너와 나를 구분하는 '한 생각'을 달리 생각하는 것만으로 그 즉시 문제는 해결된다. 나는 너다. 그리고 너는 나다. 결국 불이(不二)다. 너와 내가 하나인데 우등과 열등, 빈천, 높고 낮음이 어디에서 나오겠는가? 굳이 중독 매체에 의존하지 않아도 그냥 내 안으로 나를 보듬듯 너를 보듬으며 사랑하면 그만인 것이다. 어렵다고? 연습하면 된다. 그래서 옳고 그르고, 맞고 틀리고, 우등하고 열등하고, 착하고 못됐고의 이분법적 사고의 과정으로 구조화된 교육을 연기론적 개인적 수행으로 꾸준히 평생교육으로 일생을 통해 지속한다면 자신 안의 타자까지 보듬어 안으며 환경, 전쟁, 종교, 종족, 식량 등 세계의 모든 현안문제는 저절로 해결될 것이다.

중독 깨기 | lesson 1. 메타팩션 드라마로 공포중독을 막는다

우리는 다양한 감정을 서로 다른 방식으로 경험한다. 공포도 마찬가지다. 공포는 일반적이고 보편적인 개념이라기보다 개별적이고 주관적으로 어떻게 경험되는지에 대한 개념화와 해석에 따라 수위가 달라진다. 재래식 화장실에서 나오는 빨간 보자기 파란 보자기 귀신이나 목덜미의 피를 빨아먹는 드라큘라보다 교문 지도하는 학생생활지도 선생님의 서슬 퍼런 말과 체벌이 더 무서울 수 있다. 그리고 더 나아가 지각한 아이의 비행(?)을 부모님께 알리는 선생님의 목소리는 더 큰 공포일 수도 있다. 어느 누구도 우리가 경험한 것과 같은 공포를 경험하지 않는다. 나를 위협하는 것이 무엇인지, 그것이 얼마나 위협적인지, 그리고 나는 그것에 어떤 반응을 하는지는 모두 개별적이다.

귀신은 직접 만나지 않아 그 공포의 전율을 기억에 저장할 수 없으나 지각할 때 이어지는 체벌의 강도와 가정폭력을 일삼는 알코올중독 아버지의 폭력을 매일 감당해야만 하는 아이가 갖는 공포라는 것은 비교 불가다. 그래서 공포를 어떤 보편적 감정으로 정량화하는 것보다 개인이 갖는 공포에 대한 개념을 먼저 확인하는 것이 공포에 질린 아이들의 이상 행동을 보듬을 수 있는 좋은 방법이다. 모든 아이에 대한 교육을 일반화시키는 것 자체가 교육적 오류다. 우린 모두 다 다르고 비슷하나 똑같은 잣대로 재단할 수 없는 특별한 존재들이기 때문이다.

갓난아이가 겁 없이 범죄인이나 동물들을 위험과 공포로 분별하지 않는 것은 공포의 스키마 자체가 기억의 축적으로 형성되기 때문이다. 아이 때 경험한 공포에 대한 최초 감정은 이후에 경험하는 감정에 비해 매우 단순하다. 그래서 아이들에게 다양한 공포에서 용감하게 빠져나오는 주인공 이야기가 있는 동화나 옛날이야기를 들려주는 것은 공포에 유연하게 대처하는 좋은 교육이 될 수 있다. 두려움과 공포는 쌍생아 같은 것이다. 보이지 않고 잡히지 않는 미래에 대한 불안이 두려움과 공포를 낳기에 아이들에게 두려움과 공포를 이기는 이야기는 스스로 불안을 제거하는 용기를 북돋아 주는 훈련이기도 하다.

그뿐만이 아니라 자신의 불안하고 두려운 공포스런 미래와 불투명한 장래에 대해 멋진 메타팩션적 이야기를 써놓고 매일 읽거나 필사하면서 심정적으로 강화해가는 것과 같은 끌어당김의 법칙과 어포메이션(노아 세인트 존이 창안한 미래에서 현재로 질문하는 확언법) 같은 심정적 방법은 그래서 유의미한 교육적 효과를 기대할 수 있다.

상황에 대한 개념화(특정 상황에 관련된 개념적 처리)를 이야기를 통해 긍정적으로 반복학습 시킨다는 것 자체가 끌어당김의 법칙이며 좋은 인성 형성의 근간이 된다. 아이들에게 가훈을 써서 잘 보이는 곳에 놓고 오다가다 보게 하거나 가족과의 식사 시간 등에 부모님과 함께 읽고 기도하듯 마음에 새기는 것 또한 공포로부터 숨기 위해 강박적인 의존물에 집착하는 중독 행동을 방지하기 위한 좋은 예방교육이라고 할 수 있다. 그리고 반드시 아이와 눈을 마주치며 말하고 책을 읽어준다. 언제나 넌 사랑으로 안전하다는 사인을 무의식에 심어주는 것이다. 이것이 중독을 예방하는 아주 훌륭한 홈스쿨링의 기본 중 기본이다. 자비와 사랑이 가득한 매일매일의 기도와 염원으로 든든한 자존감을 만들어주는 매직이랄까?

1교시

국어시간

Core lesson 수치심과 열등감

수치심을 느낀 사람들은 변화를 포기하고 자신의 생각에 강박적으로 빠져들며 "희망이 없다"는 부정적인 생각으로 현실도피에 몰입한다. 그와 더불어 중독 물질과 타자에게 자신 삶의 통제권을 넘기고 의존하며 무기력한 자기 자신을 학대하고 중독적 사고에 빠져든다. 국어시간 소아마비 명자에게 쏟아진 국어선생님의 잔인한 인신공격은 우리가 왜 유년기에 부모나 환경으로부터 형성된 '생각중독'에서 병적인 '중독적 사고'로 인해 삶을 파괴해갈 수 있는지를 여실히 보여줬다. '국어선생님은 사이코야!'라고 별것 아닌 듯 툭 털고 관점을 바꿔 생각했다면 비극은 막을 수 있었을지도 모르나, 우린 아직 시

54

선을 돌려 관점을 바꾸기엔 미력한 중학교 1학년 사춘기 소녀들이었다. 시선의 방향은 곧 삶의 관점이 된다는 데 비극의 씨앗이 있었다.

감각과 지각과 상징이 통합되는 인간의 생각은 어쩌면 두 뇌 세포 원자 배열의 하나의 패턴일 수 있지만, 생각이 강박적인 반복을 계속하면 바로 생각 자체가 하나의 패턴을 가지게 되고 관점이 고정된다. 세상은 서로의 관계 속에 존재하는 관점들의 총체인 동시에 서로 다른 시선과 관점의 집합이다. 고정된 세계도 없다. 끊임없이 변화되는 느리거나 빠른 속도의 세계의 상태만 있을 뿐, 그것을 바라보는 시선이 바로 관점을 만들기 때문이다. 그래서 우리는 함께 있지만, 결코 완벽하게 소통할 수 없다.

Object lesson 수치심이란 중독적 사고에 빠져 희망을 잃다

국어선생님은 1970년대에 150cm가 되지 않는 키로 교사 임용시험에서 자격 자체가 미달이었으나 임신으로 발바닥이 부어서 키가 3cm 커진 덕분에 교사가 되었노라고 늘 자랑스럽게 말씀하셨어. 실내화도 마치 일본 게이샤들이 신는 30센티 높이의 게다처럼 높아서 걸어 다니는 것 자체가 불가사의해 보였지. 하지만 그보다 더 놀라운 것은 성적이 낮은 아이들을 몰아세우는 살기등등한 말투와 얼음처럼 매몰찬 목소리였어. 일단 국어시간에 걸렸다 하면 교실 밖으로 쫓겨나는 것은 물론이고 인격적인 조롱과 굴욕은 물론 개망신까지 참신한 수치심 3종 세트로 치가 떨리는 모멸감을 안겨주는 악마적 시간이었어.

사춘기 청소년 대부분이 열등감과 수치심이라는 '생각중독'에 빠져 인정욕구에 목말라하며 그야말로 질풍노도의 시기를 겪기도 한다는 것은 누구나 잘 알고 있을 거야. 심리학자 알프레드 아들러는 유년기에 부모가 형제자매와의 비교를 통해 아이의 열등감을 조장한다고 했잖아? 더군다나 사춘기에 들어선 중학교 1학년 아이들이 자신의 약점을 악의적으로 공격하는 국어선생님의 살벌한 말투에 무너지지 않는다는 것은 과학기술문명이 발달한 AI 인공지능 시대에도 불구하고 절대로 불가능한 일이야. 어쩌면 더 빨리 무너질지도 몰라. 물론 나는 생각보다 영악한 탓에 공부는 중간이었지만, 선생님 심부름을 잘해서 악마의 눈길을 피할 수 있었지만 말이지.

아무튼 교무실에 가서 담임선생님께 꾸중을 듣고 국어선생님이 교실에 들어오시기 전에 나는 안전하게 교실에 도착했고 심지어 국어책을 책상 위에 올려놓은 뒤 바위처럼 고요하게 선생님이 들어오시는 교실 문을 바라보고 있었어. 바로 그때 밝은 민트색 모직 투피스로 화사하게 차려입은 국어선생님이 교실로 들어섰지.

김정자 선생님은 대리석처럼 맑고 고운 피부에 커다란 눈을 가지고 계신 깜찍한 외모의 중년 여자선생님이셨어. 교무실에서는 그지없이 부드럽고 교양 넘치는 교사였지만, 교실에서 학생들에게 말씀하실 때는 지독한 독설로 유명했어. 아마도 선생님은 아주 완벽한 흑백의 이중적인 가면을 쓰고 있었던 것 같아. 반 아이들을 국어 성적순으로 나누어 앉게 한 뒤 모범생 분단 쪽엔 부드러운 얼굴과 말투로 천사처럼 이야기를 하다가, 열등생 분단 쪽을 향해 이야기할 때는 아주 냉소적인 독설과 욕설로 아이들을 얼어붙게 만들었지. 경극 배우가 탈을 순식간에 바꿔 쓰듯 완벽한 변신이었어. 그런데 그게 정말 너무너무 소름 끼치게 무서웠어. 수업시간에 잠깐이라도 책에서 눈을 떼거나 선생님에게 주목하지 않는 아이들은 반드시 지나친(to much) 응징을 당했어.

"내가 딴짓하는 네 눈깔을 파서 바늘로 실에 꿰어 목에다 걸고 다닐까?"

"커닝한 네 손모가지를 마디마디 딱딱 소리 나게 분질러서 더러운 냄새나는 시커먼 시궁창에 던져버린다."

영국 백작부인 엘리자베스처럼 악랄하지? 국어선생님 언어는 정말이지 악랄했어! 그런가 하면 모범생 분단 아이들에겐 억지 미소 가득한 가식적인 얼굴로 좀 역겹다 싶게 칭찬을 늘어놓기 일쑤였어. 69명의 반 아이를 반절로 나누면 34.5명이잖아? 그런데 반올림해서 35명까지가 우등 분단에 앉았는데, 내가 바로 35등이었고 내 짝은 36등이었는데 내 짝한 테 뭐라고 하셨는지 알아?

"공부도 못하는 게 생긴 것도 병신 같아 가지고 36등이 뭐야? 36등이? 36등~~~~신!"

이렇게 소름 끼치는 막말을 하시더니(참 웃기지 않아? 36등은 열등생 중 1 등인데 말이지) 바로 옆 35등(모범생 중 꼴찌)인 나를 보곤 한없이 부드럽고 자애로운 얼굴을 연출하며

"밤새워 공부하느라고 힘들었지? 다음 시험엔 성적 더 올려 보자?"(다 정한 눈웃음 작렬~)

하는 식이었어. 아이들은 김정자 선생님의 돌발적인 이중적 태도에 한 시간 내내 얼음이 된 상태로 폭탄이 언제 터질지 경계하며 긴장하고 있어

야 했어. 국어시간이 끝나는 종소리는 우리에겐 구원과 해방의 신호탄 같은 것이었지. 그런데 유독 김정자 선생님 수업시간을 못 견디는 친구가 있었다는 사실을 우리는 여름 방학이 다 되어서야 알게 되었지 뭐야?

어려서 소아마비를 앓았다는 명자는 오른쪽 다리를 약간 절룩이며 걸었는데, 어느 날 국어선생님이 시를 외워서 칠판에 나와 써보라고 명자 번호인 4번을 지목했던 거야. 명자는 평소에도 화장실 가는 시간을 빼곤 자기 자리에서 절대로 움직이지 않는 아이였는데, 시를 못 외워서였을까? 선생님이 번호를 부르고 이름을 불러도 칠판 앞으로 나가지를 않는 거야. 우리가 더 가슴이 쫄깃하고 온몸이 찌릿하게 오그라들면서 금방이라도 오줌을 쌀 것 같은 긴장감이 교실에 가득 했어. 그러자 참다못한 김정자 선생님이 갑자기 분통을 터트리면서 말했어.

"야! 김명자 너 다리 병신이야? 왜 못 나와? 내가 진짜 네 다리몽둥이를 딱 소리 나게 분질러서 다리 병신 만들어줄까?"

아이들은 자신들의 귀를 의심하며 동시에 명자에게 시선을 꽂았어. 우린 이미 모두 긴장하고 떨고 있었지. 김정자 선생님의 작은 체구와 귀여운 얼굴 생김에서 어떻게 저토록 살벌하고 잔인하고 악에 찬 말들이 술술 흘러나올 수 있는지 상상할 수도 없었어. 더군다나 명자는 다리에 장애가 있는 친구잖아? 명자가 이미 제정신이 아니라는 것을 우리가 알아차리는 데는 불과 백만분의 1초도 걸리지 않았어.

평소 말이 없고 조용했던 명자는 이미 서럽게 통곡하듯이 울기 시작했는데, 눈을 꼭 감고 머리 꼭대기 정수리에서 김이 모락모락 피어오르는 괴물이 되어 있었어. 국어선생님은 명자의 그런 모습을 보면서 싸가지 없이 선생님에게 대들었다며 더 큰 소리로 악을 쓰고 결국 교무실로 명자를 데리고(끌고) 가셨어. 우리는 오른쪽 다리를 절룩거리며 심하게 균형을 잃은 채로 국어선생님 뒤를 따라가는 명자의 들썩이는 어깨와 서러운 울음소리가 복도에서 교무실로 사라지기 전까지 모두 창문에 매달려 있었지. 그리고 명자를 바라보며 생각했어. 우린 아무것도 할 수 없는 존재들이구나. 학생이란 존재들은 참 무능하기 짝이 없는 것이구나….

명자의 절룩이는 오른쪽 다리의 끌리는 리듬은 그날 더욱 더 무기력해 보였고, 아무 희망도 기대도 없다고 외치고 있는 것 같았어. 우리 반 아이들 모두는 마치 망치로 머리를 얻어맞은 것처럼 첫 시간부터 멍해졌지. 하지만 그런 멍한 무기력이 우리가 함께 느낀 수치심이란 상처라는 것을 그때 당시 우리 중 그 누구도 알아채지는 못했지.

누군가의 조롱과 능욕으로 치가 떨리게 수치스러워진다는 것은 희망을 삭제하고 자신의 존재 자체를 무가치한 구제불능으로 만들며 중독적 사고와 행동 패턴을 갖게 한다는 사실을 이제야 비로소 알고 나니 그날 이후 벌어진 명자의 비극은 이미 예견되었던 일이라는 것을 알 것 같아.

교무실에서 돌아온 뒤 명자는 국어선생님한테 받은 수모와 인격적 조롱으로 거친 숨을 몰아쉬기 시작했어. 자신의 소아마비 장애도 열등감으로 힘겨웠던 차에 국어선생님이 명자의 마음속에 수치심의 거센 창살까지 꽂아 버렸던 거지. 수치심은 자기는 쓰레기 같은 존재라는 생각이 들면서 자존감이 약해지는 것은 물론이고 열등감과 불안감을 함께 몰고 다니는 중독적 사고의 최고봉이라고 희뿌연 핑크색 립스틱을 바르고 다니던 보건선생님이 금연교육에서 말씀하신 것이 생각났어. 그런데 그날 이후 언젠가부터 명자는 흰 셔츠에 검정 양복을 주로 입던 키 큰 사회선생님을 짝사랑하기 시작했어.

사회선생님 별명이 당시 인기 높던 프랑스 미남 배우 '알랭 들롱'이었으니 중학교 어린 소녀들이 설렐 법도 했지. 그런데 명자에겐 경쟁자가 많아도 너무 많았던 거야! 사회선생님 책상 위엔 당시 유행하던 삼립 '노을빵'과 '단풍빵'은 물론 우유와 요구르트도 매일매일 수북이 쌓여 있곤 했어. 물론 빵 봉지엔 아이들의 쪽지가 스카치테이프로 꼼꼼히 붙어있었어. 인기가 너무 많다는 것이 꼭 좋은 것도 아니더라. 이렇게 말하니까 좀 위안되지 않아? 애들 사이에 경쟁이 너무 심하게 붙은 거야. 상사병이 무섭다는 것을 우리는 모두 그 충격적인 사건으로 알게 되었어. 사고는 생각지도 않은 곳에서 터졌어. 글쎄 어이없게도 사회선생님의 낡은 실내화가 도화선이 되었지 뭐야.

명자는 국어선생님한테 당한 수모를 극복하기 위해 공부를 더 열심히 하기 시작했고 사회시간에 지도 그리기 숙제를 잘해왔다는 선생님의 칭찬을 좋아했어. 그런데 칭찬받을 때마다 매점에서 빵을 사서 선생님께 감사를 표한 것이 반복되면서 칭찬이 사랑으로 변해 버렸던 거야. 선생님은 초등학생 아이가 둘인 유부남이었지만, 그런 사실쯤은 선생님에게 반해서 집착하기 시작한 명자에겐 아무런 문제가 되지 않았지. 그냥 사회선생님한테 칭찬받을 때 기분 좋고 빵을 드릴 때 고맙다는 말을 듣는 것이 명자의 설렘이자 행복이었어. 난 명자가 노트 안쪽에 선생님으로 추정되는 남자를 그려놓은 것도 봤어. 옆에 빨강 볼펜으로 빨갛게 채워진 하트도 두 개 있더라.

칭찬 - 빵 - 칭찬 - 빵 - 칭찬 - 빵의 패턴이 반복되어 갈 즈음 하필이면 사회선생님 생일이 다가왔고, 또 하필이면 수업시간에 선생님 실내화 끈이 끊어진 거야. 명자는 불편한 다리에도 불구하고 그날 당장 조퇴하고 시내버스를 타고 중앙시장 신발가게까지 가서 사회선생님 생일선물로 실내화를 샀고, 다음날 아침 일찍 쪽지와 함께 선생님 책상에 올려놓았던 거지. 그런데 사회선생님이 알랭 들롱처럼 잘생겼었다고 했던 말 기억나? 슬리퍼를 생신 선물로 사온 사람이 명자만이 아니었던 거야! 그날 우리 반 수업시간에 사회선생님은 명자가 선물한 슬리퍼가 아닌 3학년 언니가 선물한 슬리퍼를 신고 수업에 들어오셨고, 명자는 수업시간 내내 책상에 엎드려서 울었어. 선생님은 몇 번인가를 명자 쪽을 바라보며 말을 할 듯했지만, 시험 범위 진도가 늦어서 빠르게 수업을 마치고 나가셨지. 명자를 교무실로 부르셨다는 말은 들었는데 구체적으로 어떤 이야기가 오고갔는지는 알 수 없어. 하지만 다음날 명자는 결석했고, 사회선생님도 교육청에 출장을 가셨다고 했어. 교문에서 지각생을 잡는 학생과 선생님도 없고, 아침부터 학교 전체가 술렁거리고 뭔가 좀 이상했어. 교사도 학생도 모두 수군거리고 있었지.

"죽었대? 살았대? 4층에서 떨어진 거야? 자기가 사준 슬리퍼를 신지 않았다고? 그래서 지금 어떤 병원에 입원해 있대? 어디를 다쳤대? 전신불구라고? 헉!"

국어선생님에게 당한 수치를 사회선생님의 인정과 칭찬으로 보상받으며 즉각적으로 얻어지는 쾌감으로 위안을 받으며 의존했던 명자는 자신의 감정에 과몰입하며 선생님에 대한 집착이 생겼던 것을 자신도 모르고 있었던 거야. 사람에게도 중독이 된다고 하잖아? 관계중독? 사회선생님이 3학년 언니들의 성화에 못 이겨 수업시간에 새 슬리퍼를 신자마자 언니들이 낡은 슬리퍼를 감추고 주지 않아서 어쩔 수 없이 우리 반에 그대로 신고 온 것뿐인데, 명자는 사회선생님이 자신보다 3학년 언니들을 더 좋아하고 자신을 무시한다고 생각해서 글쎄 결국 종례 후 학교 옥상에서 한참을 울다가 아이들이 모두 하교했을 때 뛰어내렸다는 거야. 수요일은 정말 마의 수요일이었어! 수업시간마다 한 고개 넘고 두 고개 넘어야 하는 특급 장애물 경기랄까?

Big lesson 메타팩션의 왜곡된 가상현실

붓다가 2500년 전에 무아(無我)를 말하며 자아가 존재하지 않는다고 말한 것은 어쩌면 진리이자 위대한 성인의 투시적 관점이었는지도 모른다. 아무튼 그 수많은 시간과 공간의 접점에서 하필이면 소아마비였던 명자가 작은 키로 열등감투성이던 국어선생님과 만나 비극을 만들고 말았던 것이다.

붓다가 설한 나랄 것이 없는 무아의 지혜를 미리 알았거나 모든 것은 거품과 같은 양자 상태로 끊임없이 변화하는 상태만 있을 뿐이라는 카를로 로벨리의 물리학을 조금 일찍 공부했다면 에고적 자신을 내세우지 않았을 것이고 '수치심'이란 생각에 중독되어 사고가 발생하는 비극은 없었을지도 모른다. 우리가 무지해서 겪게 되는 수많은 불행은 단순히 자신의 시각과 관점에서만 세상을 해석하고 바라보기 때문인지도 모른다.

카를로 로벨리는 시간과 공간의 관계 속에서 존재와 사물이라는 개념이 만들어지고 우리가 존재하는 것 자체가 환상이며 유일한 독자성은 존재하지 않는다고 한다. 시간도 관계의 느슨한 망일 뿐이고 모두 확률적으로 관계성을 갖게 되기에 흐르지 않고 모든 과거를 볼 수 있다고 한다. 그래서 과거와 전생은 사라지지 않는다. 시간과 공간은 사건들의 관계에서만 존재할 뿐이고 그 관계에서 존재가 발생하기에 만남 자체를 귀히 여기고 감사히 여겨야 할 일인지도 모르겠다.

존재하는 사물들의 세계는 모든 것이 관계로 설명되기에 연기론을 설하신 붓다는 이미 2500년 전에 천안통(天眼通)으로 과학적 진리를 설하신 것일 수도 있다. 만남 자체에 감사할 일이라면 세상 그 어떤 누구와의 부딪힘이 있다 할지라도 문제될 것이 없다. 어쩌면 국어선생님은 명자의 영혼을 더욱 성숙시키기 위해 지상에서 만난 천사일지도 모른다. 사회선생님은 수치심으로 상처받아 결핍된 명자의 마음을 다독이고 견디게 해주는 치유와 위로의 천사였고… 하지만 현실은 생각보다 냉혹했다. 결국 사회선생님은 한 달도 되지 않아서 다른 학교로 전근 가셨고, 명자는 허리를 다쳐서 일 년을 병원에서 재활치료를 받았다는 이야기 이후, 소식이 감감하다가 내가 고등학교 3학년 때쯤인가 너무나 놀라운 새로운 소식을 듣게 되었다.

김정자 국어선생님이 전근 간 학교에 불이 났는데, 김정자 선생님의 독설과 욕설로 상처 받은 학생이 방과후에 김정자 선생님 교실에 석유를 뿌리고 불을 질렀다는 것이다. 범인은 바로 명자였다. 소아마비인데다 허리까지 다쳐 반신불수가 되었다는 소문이 파다했지만, 재활치료에 성공했고, 결국 자신을 다리 병신이라며 수치스럽게 만들었던 국어선생님에 대한 복수를 위해 수년 뒤 김정자 선생님 학교까지 찾아가 불을 지른 것이었다. 결국 김정자 국어선생님은 엄중 징계를 받아 사표를 쓰고 교사직을 그만두었고, 명자가 방화범으로 잡혔다는 이야기 이외에 다른 이야기는 듣지 못했다. 참 아픈 기억이다.

명자는 국어선생님의 지나친 독설에 수치심을 느끼고 자신의 삶은 변하지 않을 것이라고 자포자기한 상태에서 사회선생님에게 칭찬받는 즐거움으로 버텼는데, 사회선생님마저도 자신을 외면했다 생각하며 모든 희망의 끈을 한순간 다 놓아버리고 말았던 것이다. 그래서 타자의 표정에 기대어 살아가는 사춘기 아이들이 수치심과 열등감을 갖게 될 경우 더 위험하다. 신체가 불구면 불행하다는 생각의 패턴이 생각중독을 만들어내고, 중독된 부정적 생각은 그를 회피하거나 감추기 위한 의존적 행동을 만드는데, 그것이 바로 강박적 중독이나 대상에 대한 집착을 만들어 중독적 사고의 왜곡된 가상현실을 만들어낸다. 명자는 결국 자신이 만든 메타팩션의 왜곡된 가상현실 속에서 자신만의 드라마를 비극적 결말로 쓰고 말았던 것이다.

상상은 긍정적이든 부정적이든 늘 우리의 현실이 된다. 돌이켜 생각해보면, 숨기고 싶고 부정하고 싶은 현실이었던 신체적 불구에 대해 타자로부터 공개적이고 노골적으로 모욕을 받은 부끄럽고 수치스러운 순간들이 가중되면서 명자에게 극단적으로 자기 현실을 회피하는 자살이라는 방어적 선택을 하도록 강요했을지도 모른다.

맹자는 '수오지심(羞惡之心)'을 들며 부끄러움이 인간됨을 담보할 수 있다고 했다. 그러나 신체적 불구는 자신이 선택한 현실이 아니기에 부끄러울 일이 아니다. 그러나 우리는 보편적인 것들을 정답으로 일반화하며 특별한 것을 별나고 비정상적인 것으로 몰아간다. 소아마비는 비정상이고 소아마비 아닌 것이 정상이라는 인지 오류는 바로 '보편성'의 획일된 사리판단에서 오는 것은 아닐까? 그러나 우리 중 그 누구도 소수자가 아닌 사람은 없다. 왜? 우린 모두 타자와 다른 세포 구조를 가지고 있음은 물론 내 신체 안의 양자마저도 바로 이전 시간의 상태가 아닌 찰나에 다시 변형되고 있다. 〈주역〉에서 '변화'를 강조하는 것 또한 그러한 이유일지도 모른다.

붓다의 말처럼 '나'랄 것이 없다면 장애인 '나'도 없기에 문제될 것이 없다. 좀 더 마이크로 하게 말하자면 결국 생각이란 것도 우리 두뇌 세포의 원자 배열 패턴이라고 뇌과학자들은 말하지 않던가? 결국 일체유심조(一切唯心造, 모든 것은 마음먹기에 달려 있다), 내 마음이 일으킨 부끄러운 장애라는 생각에 중독적으로 사로잡혀 자신의 삶의 스토리를 부정적으로 디자인

하고 써나가면 결국 우리는 불행한 삶을 직면할 수밖에 없다. 선택은 당신의 몫이다. 어떤 행복과 불행 중 어떤 삶을 설정하고 선택해서 자신의 인생을 써나갈 것인가? 삶의 진실은 결국 메타픽션. 당신 마음이 짓는 이야기다. 당신이 매일매일 일상으로 쓰는 이야기다. 그래서 새벽에 기도하고 수행한다는 것은 기도와 명상을 통해 긍정적인 하루의 이야기를 미리 쓸 수 있기에 삶을 성장시킬 수 있는 것이다. 하루의 삶을 미리 예습한다고 해야 할까?

정신분석학자 에릭 홈부르거 에릭슨(Erik Homburger Erikson)의 심리 발달이론에 따르면 성장기의 수치심은 사회적 정당성에 대한 인식을 발생시키지만, 지나치면 자율성이 떨어지고 자기통제가 힘들어진다고 한다. 특히 수치심은 타인의 시선이 기준이 되어 생기는 인식이기에 자신의 통제력을 벗어난 일에 직면한 사람들은 더욱 무기력한 상태로 현실도피적인 중독적 사고를 일으키게 된다. 아무리 공부해도 성적이 오르지 않는 아이들이 부모와의 불화를 피해 pc방으로 잠적하여 디지털 게임 은둔자가 되기 시작했던 것은 벌써 30년 전 X세대부터의 일이다. 코로나 이후 온라인 등교로 1인 1스마트기기가 허락되자 아이들은 자신의 방을 새로운 은둔지로 발전시키기 시작했다. 그뿐 아니라 디지털 메타버스 안에 자신의 땅을 사고 건물을 만들고 자신만의 주거지를 만들어 경제활동까지 해가며 나이, 연령, 경제력, 성별, 장애 등을 알 수 없는(속일 수 있는, 캣피싱)

아바타가 되어 부끄러움과 수치심 하나 없는 평등(?)한 메타버스의 세계를 새로운 자신의 삶의 터전으로 만들어가고 있다.

마키아벨리는 인간이 성공하려면 운이 좋은 행운의 포르투나(Fortuna, 로마신화의 운명의 여신) 말고도 도덕적 덕성인 비르쿠(Virtu)도 있어야 한다고 말했다. 비르쿠는 단순한 도덕성만이 아니라 타고난 운을 극복할 수 있는 힘이나 자신의 의지를 통제할 수 있는 능력을 말한다. 자신이 의도치 않은 신체적 불구로 인해 발생한 수치심을 현실도피나 쾌락중독으로의 회피가 아닌 스스로 극복할 수 있는 힘과 지혜를 말한다. 그렇다면 그 힘과 지혜는 어디에서 비롯되는가?

불교경전에는 '법의 근본이 둥글고 두 가지 모습이 따로 없다는 뜻의 법성원융무이상(法性圓融無二相)'이라는 말이 나온다. 선하다는 상을 지으면 악하다는 상이 따라오고, 깨끗하다는 상을 지으면 더럽다는 상이 따라오듯이, 정상이라는 경계는 비정상이라는 경계를 만들어 세상을 이분화한다. 하지만 정상과 비정상의 경계가 모호할 뿐만 아니라 나의 생각이 정답도 아니다. 국어선생님이 독설을 뿜어댔던 것도, 어찌 보면 명자가 소아마비로 신체적 열등감을 가지고 있었던 것처럼, 그 자신 역시 작은 키에 대한 콤플렉스로 상대를 공격하면서 심리적 방어기제를 쓰고 있었을지도 모른다. 작은 키는 좋지 않다는 생각과 소아마비는 비정상이라는 생각 자체를 '법성원융무이상'의 관점으로 바꿔서 다시 생각해본다면, 정상과 비정상의 경계가 무너지면서 그냥 그것은 그러할 뿐이라는 긍정과 수긍의 마인드로 변화한다. 우리가 생각하는 '나'라는 경계와 '너'라는 경계를 허물고 사로잡힌 '한 생각'을 바꿔가며 그때그때 상황에 적절하게 자신을 변화시키고 마음을 다잡아나간다면 우리는 비로소 수치심 같은 파괴적인 중독적 사고에서 벗어나 다시 '새로운 생각'으로 깨어 살아갈 수 있을 것이다. 그래서 앞으로 우리에게 다가올 새로운 미래사회의 대안으로 아이들 교육의 방향을 불교적 '수행' 관점으로 다시 설계하고 디자인한다는 것은 유의미한 일이다.

자존감 올리기

1. 고양이는 이갈이를 하며 유치를 삼킨다.

이 갈리게 미운 사람에게 화를 내는 것은 유치함이다. 고양이가 이갈이할 때 유치를 삼키듯, 이 갈리는 증오의 마음을 내 안으로 들여 소화시키고 배설하면 이윽고 사라진다. 우리 자신의 유치한 분노심과 증오심의 근원이 나의 열등감일 수 있고, 내면아이의 유치함일 수 있음에 깨어 고양이처럼 유치를 삼켜보자.

2. 고양이는 앞발가락이 열 개, 뒷발가락이 여덟 개다.

앞발로 많은 일을 처리하는 고양이는 앞발가락을 10개로 진화시켰다. 우리도 자주 속상하고 불편한 일에 관용과 자비의 앞발가락을 한 개씩 더하거나 화와 분노의 뒷발가락을 한 개씩 빼보자. 고양이의 유능함은 덧셈과 뺄셈이 적절하여 신체와 삶의 균형이 유연하다는 것임에 빨간 줄 치고 배워보자.

3. 고양이는 혀 돌기 300개의 청소력이 있다.

고양이 혀는 까칠한 케라틴 성분의 300개의 돌기로 되어있어 죽은 털을 쓸어내리거나 벌레를 잡기에 좋도록 디자인되어 있다. 그러나 인간의 혀는 부드럽지만 청소력이 약해서 거칠고 못된 말을 쓸어내는 데 역부족이다. 고양이처럼 까칠한 300개의 자기 성찰의 혀 돌기로 자신의 언행을 쓸어내려 사악한 언행을 청소하고 청아한 언어로 단련하자.

4. 고양이는 풀을 먹고 헤어볼을 토해낸다.

육식 동물인 고양이가 풀을 뜯어 먹는 것은 헤어볼을 토해내는 지혜라고 한다. 고기를 먹어서 오는 즉각적 쾌락 보상은 아닐지라도 자신의 생명을 지키기 위해 맛없는 풀을 뜯어 먹는 지혜는 즉각적 쾌락 보상에 길들여진 현대인들에게도 큰 가르침을 준다. 그래서? 우리도 풀을 뜯어 먹고 뱃속에 잔뜩 독사처럼 또아리를 틀고 있는 중독이라는 욕망의 헤어볼을 토해내고 뱃속 편하게 살아가자. 진정한 평화와 행복을 누려보자.

5. 고양이는 90%가 A형 혈액형이다.

사람들과 달리 고양이는 세 가지 혈액형 중 대부분이 A형이다. 어쩌면 같은 혈액형이라 서로를 더 많이 이해하고 동질감을 갖고 공감하게 되지 않을까? 우리도 너와 내가 다르다고 생각하지 말고, 비교하지 말고, 나는 너고 너는 나라고 생각하며 살자. 그냥 너도 A형이고 나도 A형이겠거니 하며 우리는 하나이지 불이(자타불이自他不二, 나와 남이 하나라는 동체대비심同體大悲心의 마음)가 아님에 깨어 있자.

6. 길들여지지 않는다.

고양이는 길들이기가 어렵다. 아니 길들여지지 않는다. 아니 길들여지는 것을 주체적으로 거부한다. 바로 이렇게 타자나 외부여건으로부터 쉽게 길들여지지 않고 자신만의 독자적 삶의 길을 선택해서 살아가는 것이 디지털 메타버스의 도파민 자극 피드백 루프에 갇히지 않고 마약적 시스템의 작동방식을 파괴할 수 있는 유일한 길이다. 현대 과학문명의 방향인 디지털 메타버스 플랫폼의 이용을 줄이고 슬로라이프로 역전하여 역행할 수 있는 마음의 지조, 심지를 주인을 길들이는 고양이의 길들여지지 않는 품성으로부터 배워보자.

2교시

생물시간

Core lesson 불안

불안은 소리소문 없이 은근히 우리 마음속으로 비집고 들어오는 불청객이다. 차라리 사나운 개와 막다른 골목길에서 직면했을 때 느끼는 공포는 깔끔하고 신사적이다. 하지만 정체도 없이 스멀스멀 젖어드는 불안감이 가져오는 막연한 초조감은 화장실을 들락거리게 만들고 손톱을 물어뜯게 만든다. 떨쳐버릴 수 없는 강박적 불안은 우리도 알지 못하는 반복적인 강박행동을 계속하면서 불안을 잊기 위한 모든 행위와 물질로 우리를 안내하며 급기야 중독적 삶으로 몰아간다. 찬도와 내가 느낀 불안과 긴장과 두려움은 우리가 대적할 수 없는 막강한 힘! 귀신이나 무서운 어른이나 전쟁과 같은 엄청난 재앙에 대한 공포가 아닌 바로 망신스럽고 수치스러운 감정을 반복하면서 사람들에게 놀림감이 되거나 무기력한 자신과 대면하는 것에 대한 불안이었을지도 모른다.

우리가 불안과 공포에 대한 두려움에 사로잡혀서 무기력해지면 내가 아닌 다른 사람과 시스템과 사물과 또 다른 무엇인가에 통제권을 넘기게 되고 그 순간 악몽은 시작된다. 모든 것은 '나로부터 나아가 나에게 돌아오는' 내 마음의 작용임에도 불구하고 무지한 우리는 그것을 부모님이나 선생님, 친구나 가정환경 등 밖에서 원인과 해결책을 찾으면서 방황과 강박적인 중독 행동을 반복하게 된다. 그러나 수치심이나 창피함은 마치 파도가 밀려왔다 밀려가듯 우리 삶에 왔다갔다하는 과정일 뿐이지 고정불변한 '나'라는 존재의 본질은 아니다. 우린 누구나 귀한 삶의 경험을 간직하고 더 좋은 기억과 더 멋진 성찰로 한 단계 또 성장하러 지구별에 온 귀한 존재들이다. 산은 오르면 내려오고, 내려오면 올라가게 되어있다. 수치심 또한 우리가 어깨에 메고 끊임없이 산을 오르는 시지프스의 또 하나의 바윗돌일 뿐이라고 생각한다면 문제는 간단하게 사라진다. 그냥 내려놓으면 된다. 이 세상 누구라도 자신만의 파도를 만나고, 자신만의 산을 오르지 않는 사람은 없다. 그냥 파도가 오가고, 산을 오르고 내리고의 일음일양의 리듬 자체가 삶이라고 편안하게 받아들인다면 화날 일도 없고 숨을 일도 없고 불안할 일도 없다.

하지만 어린아이들에겐 매일매일의 사건 자체가 온 인생임은 물론 사고의 극단성으로 다른 여지를 생각하지 않기에 부정적인 중독적 사고에 심하게 사로잡히고 휘둘린다. 사춘기 청소년들에게 중독이 더욱 위험한 이유임은 물론

내가 이 책을 쓰고 있는 이유이기도 하다.

귀한 우리 아이들이 메타버스 시대에 도파민 자극 피드백 루프의 무한궤도를 이 앱과 저 앱으로 방황하며 결국 자신을 잃고 IT기업의 소비자와 노예로 전락하여 디지털 시스템의 총체적 중독자로 기계적인 삶을 살아갈 수밖에 없는 상황이 도래할 수 있기 때문이다.

Object lesson 돌연변이로 태어난
교사계 유일한 여자 호모변태리우스

1교시 쉬는 시간에 명자가 국어선생님한테 교무실로 끌려가면서 창문에 매달렸던 아이들은 우리 반 1등 선주를 빼놓고는 거의 모두가 일제히 생물 공책을 꺼내 들고 미친 듯이 숙제를 베끼기 시작했어. 2교시 생물 시간은 쉬는 시간 동안 친구들 숙제를 베끼지 않으면 고문에 가까운 생물선생님의 체벌을 견뎌야만 했거든. 하지만 숙제를 베끼는 그 순간에도 체벌에 대한 기분 나쁜 초조감이 마음속에 슬며시 불안감으로 스며들곤 했어.

생물선생님은 세상에 둘도 없이 교양 있고 얌전하고 지적인 여성으로 보여서 첫 수업시간부터 나는 너무 좋았어. 거기다 목소리까지 나직하지 뭐야. 이름 모를 프랑스 샹송 가수가 콧소리를 내며 노래하는 듯한 간지러움이라고 해야 할까? 솔직히 말하자면 생물 과목이 도대체 무엇을 배우는지도 잘 몰랐던 시절이었지만, 우장춘 박사의 겹꽃 페튜니아 개발

같은 이야기는 윤리시간에 종종 듣던 옛날이야기보다 훨씬 더 신선하고 흥미로웠거든. 소금물과 설탕물을 섞어서 태양열로 증발시켜 결정물을 얻는 실험 하나만으로도 호기심이 폭발하던 나는 우리 학교 대표로 과학 경진대회에 출전하기도 한 과학천재였어. 아니, 그렇다고 스스로를 규정 했지. 과학천재라는 말, 뭔가 멋지지 않아? 그래서 그렇게 결정한 거야. 암튼 나는 과거 소금과 설탕 혼합물을 증발시킨 과학천재답게 과학시간 엔 더 특별히 눈을 빛냈지. 초롱한 눈빛으로 선생님 질문에 답을 잘한다 고 칭찬을 받기는 했지만, 매번 숙제를 잊어버린다는 치명적인 약점으로 기분 나쁜 불안감에 시달리는 것은 물론이고 수업 시작종 자체가 공포스 러운 날도 많았어. 그런데 오늘은 명자 사건으로 마음이 더욱 불안해진 나는 복도 끝 화장실에 두 번이나 다녀오느라 숙제할 틈이 없었어.

드디어 생물선생님이 들어오시고 주번의 차렷 경례가 끝나자마자 바 로 숙제 검사가 시작되었는데 피할 수 없는, 직면한 삶이란 그런 것일까? 숙제 검사를 하는 생물선생님과 숙제를 하지 않은 나의 시간은 생물수업 이라는 결정적 순간에 맞닥뜨렸고, 드디어 체벌은 내 삶의 숙명이 되어 또 하나의 역사로 기록되고 말았던 것이지.

선생님은 숙제를 하지 않은 아이들 모두 줄을 서라고 지시하셨고 나는 다시 오줌이 마려워서 죽을 것 같은 불안감을 참으며 두 다리를 꼬고 방 광을 조인 채 강시처럼 콩콩 점프해서 책상 사이로 나갔어. 앞에 서는 것 이 유리할까? 뒤에 서는 것이 유리할까? 답을 내기도 전에 이미 맨 앞에 선 친구의 비명 소리가 터져 나오기 시작했어. 아, 팔뚝에 소름이 쫙 끼치 며 피부 세포가 오돌토돌 올라오잖아? 다시 또 소름…. 차라리 내가 먼저 앞에 설 것을…. 갑자기 당장이라도 오줌을 지릴 것처럼 더욱 긴장되고 두렵고 불안하고 공포스럽고…. 모든 부정적인 예측들이 몰려들어 나를 미치게 긴장하고 안달나게 만들었어. 하지만 결국 내 차례! 선생님 앞에 서자마자 나는 마치 공포 영화를 볼 때처럼 눈을 질끈 감았어. 선생님 손이 내 단발머리에 닿는가 싶더니 마치 양 갈래 삐삐 머리처럼 양쪽으로 잡아당겼고, 다음엔 이마를 엄지와 검지로 꼬집고, 그 다음은 눈썹, 그리고 눈두덩이, 볼, 코, 입술, 목에 이르기까지 양손으로 균형을 잡으며 비틀어서 꼬집어 내려가더니 이제 막 작은 망울이 맺히며 봉곳이 솟기 시작한 부끄러운 내 젖꼭지를 엄지와 검지 손가락으로 콱 쥐고 꼬집어 비틀지 뭐야? 정말 아픔도 아픔이지만, 얼마나 창피하고 수치스러운지…. 두 번 다시 이런 꼴을 당하지 않겠다고 다짐해놓고 또 다시 숙제를 못해서 이 꼴을 당하고 있는 내가 더 한심하고 바보 같았어. 학생생활 과장님이 '벼락 맞은 대추방망이'로 손바닥을 때리는 것이 훨씬 더 신사적이고 멋지게 생각될 정도였다니까. 배꼽과 무릎 위 허벅지까지 모두 다 그 가녀린 엄지와 검지 손가락이 무색하게 집요하게 꼬집고 나서야 선생님은 아주 나직하고 차분한 모기처럼 작은 목소리로 내 귓가에 입술을 가까이 대고 속삭이듯 말했어.

"다음 시간엔 숙제 꼭 해 올 거지?"

고통을 참으며 "네"라고 대답하는 내 얼굴을 바라보던 선생님의 드라이한 얼굴을 스치던 옅은 미소의 흔적이 선생님 눈두덩이 위에 칠한 초록색 아이섀도 컬러보다 더욱 강렬했어. 우장춘 박사가 유전공학을 이용해서 겹꽃 페튜니아를 만들었다면, 생물선생님은 아마도 유전자의 자연변태에 의해 돌연변이로 태어난 교사계의 유일한 여자 호모변태리우스였을 거야.

돌연변이는 예측불가의 자연적 소생물이란 점이 더욱 무섭고 두려웠지. 탄생과 창조란 늘 확인할 수 없는 미래잖아. 나는 그때 처음으로 화장실에서 나오는 빨간 보자기 파란 보자기 귀신만이 무서운 공포의 대상이 아니라 사람들 앞에서 망신당하는 수치스러움 또한 공포이자 두려움이 된다는 것을 알았어. 그리고 갑자기 초등 3학년 때 학교에서 사라진 내 짝 찬도가 생각나더라.

 1975년 나는 아홉 살이 되었고 3학년 6반으로 진급했어. 내 짝은 찬도라는 아주 건장하고 건강한 남자친구였어. 그런데 무더웠던 어느 날 운동장에서 한 떼의 아이들에게 둘러싸인 찬도는 누런 코를 훌쩍거리며 절망적인 얼굴로 아이들에게 "저리 가"라고 소리를 지르며 울고 있었어. 읍내에서 멀리 떨어진 동네에서 왕복 두 시간씩 학교를 걸어서 오가던 찬도는 부모님을 도와 농사일을 많이 한다고 했지. 그래서일까? 찬도는 그날따라 유독 황소처럼 커 보였는데 그의 울음소리는 거의 도살장에 끌려가는 황소의 울부짖음 같았어. 난 본능적으로 찬도의 위기를 눈치채고 재빨리 말했지.

 "찬도야! 선생님한테 내가 가서 이를까?"

 그 순간 찬도와 내 눈이 마주치는가 싶더니 회색빛 반바지 차림의 찬도는 무자비하게 아이들을 밀쳐내며 교문 쪽으로 뛰기 시작했어. 그런데, 어라? 찬도의 다리 사이에서 뭔가가 흔들거리고, 다시 엉덩이가 보이고 허벅지가 보이고 다시 중간이 흔들리고 엉덩이가 보이고 허벅지가 보이고…. 삭은 실밥이 터져 반 토막 난 반바지를 간신히 허리에 두르고 찬도는 교문을 뛰어서 벗어났고 그때서야 나는 찬도에게서 늘 풍기던 지린내와 때로 찌든 회색이 다 된 단벌옷을 이해하게 되었어.

찬도는 3일 뒤에 아버지와 함께 늘 입던 회색 단벌옷을 입고 학교에 왔지만 떨군 고개를 들지 않았고 심지어 1교시가 끝나갈 즈음 아침에 먹은 누룽지를 나와 함께 앉은 책상 가득 토해내곤 다시는 학교로 돌아오지 않았어. 어쩌면 찬도도 생물선생님에게 젖꼭지를 꼬집힌 내가 느꼈던 수치심을 느꼈던 것일까? 다 떨어지고 더러워진 바지를 다시 살 수 없는 현실과 그것을 용납할 수 없는 자신 사이에서 그 어린아이는 얼마나 힘들었을까? 가난한 어린아이는 새 반바지를 살 수 없는 무기력한 현실을 자기 힘으로는 변화시킬 수 없다는 것을 직시하고 희망을 놓아버린 건 아닐까. 중학생이 되어서야 비로소 아홉 살 때 친구를 이해하게 되다니…. 찬도가 그 날 이후 다시 학교를 다녔는지 아닌지는 나도 잘 모르겠어. 하지만 분명한 것은 나는 그 이후 찬도를 단 한 번도 본 적이 없었다는 거야.

Big lesson 모든 것은 나로부터 나아가 나에게 돌아오는
내 마음의 작용

우리 사회가 사람들의 중독적인 나쁜 습관으로 거대한 비즈니스를 벌이고 있는 '중독자본주의 시대'라고 말하는 데이비드 T. 코트라이트(David T. Courtwright) 박사는 그의 저서 〈중독의 시대〉에서 사람들이 중독에 취약해지는 공통요인으로 유전적 변이, 스트레스, 사회적 실패, 어린 시절 학대나 방관 등 생활환경을 든다. 나와 찬도가 수치심으로부터의 탈주로 택한 현실도피나 희망 없는 무기력감 등 강박적인 중독적 사고에 따르는 강박적 행동패턴에 의해, 중독은 우리의 마음과 삶을 파고든다. 다른 사람에게 들키고 싶지 않은 무기력하고 약화된 존재가 자신을 방어할 목적으로 선택하는 환각이며 도주다.

질병에 대한 불안으로 약물을 과다 복용하는 것 또한 같은 사로잡힘이라고 할 수 있다. 제약회사가 약을 팔 때는 약만 파는 것이 아니라 사람들의 불안도 함께 끼워 판다는 것은 이제 상식이다.

1990년대 청소년들이 담배와 술, 가스 흡입으로 자신들의 수치스러움 뒤로 숨었다면 2022년 현재 아이들은 스마트 디지털 기기의 다양한 메타버스 플랫폼과 전자담배와 술, 오피오이드나 펜타닐 같은 진통제를 중독물질로 대체하며 숨는다. 인터넷은 우리에게 밀키트라는 식생활의 편리함을 준 것처럼,

마약 또한 스마트폰을 통해서 편리하게 검색하고 스마트폰뱅킹으로 입금한 뒤 구글맵과 카카오맵 서비스를 이용하여 아주 은밀한 곳에 안전하게 배달(껌을 벽에 붙이듯 '붙인다'라는 용어를 쓴다)받는다.

코로나로 백신업계 제약회사들과 마스크와 예방 키트 등 부속물을 생산하는 업체들이 순식간에 어마어마한 부자가 되었다는 것은 모두가 아는 사실이다. 그러나 어쩌면 코로나 백신을 판매한 바이오테크 회사들의 약진은 코로나 이전부터 이미 중독상품주의의 그물을 시스템화해놓은 글로벌 공룡 IT기업들의 약진과는 비교할 수 없을지도 모른다. 글로벌 IT기업은 인터넷 네트워크와 IT기술력을 이용해서 알고리즘의 조작만으로도 세계의 사람들을 자신들의 이권을 위한 시스템에 복종할 수밖에 없도록 만들 수 있다. 구글의 유튜브 구독료나 페이스북 메타와 인스타그램의 알고리즘이 어떤 기업의 이익에 초점을 맞춰 조작되며 이윤을 남기고 있는지를 우리는 알 수 없다. 우린 다만 공짜로 플랫폼을 이용하고 있다는 착각에 휩싸여있으며 유튜브 활동으로 돈을 벌 수 있다고 생각할 뿐이다. 세상에 공짜가 없다는 것을 고래의 성인들로부터 끊임없이 배워왔으면서도 말이다. 코로나 이후 약물중독 환자들이 점점 늘어나고 있는 추세라고 하는데, 이 또한 팬데믹의 장기화로 인한 사회적 불안 기조가 강화된 때문이기도 하고 '중독적인 상품자본주의' 시스템의 글로벌 IT사회경제 구조가 불러일으킨 재앙이기도 하다. 중독적 자본주의 기업들은 인간의 인정욕구와 보상욕구 심리를 조작한다. 요즘 인스타그램 앱을 뒤덮다시피 한 레깅스 차림 여성들의 엉덩이 근육 운동 릴스 또한 여성들의 인정욕구를 건드리며 다이어트 약 구매를 충동하는 좋은 마케팅 콘텐츠이다. 내가 다양한 다이어트 약을 복용했던 이유도 좀 더 깊게 생각해보면 단순히 체중이 많이 나가는 것을 막겠다는 욕망보다는 누군가에게 인정받고 싶고 멋지게 보이고 싶다는 다중적인 욕망이 심연 아래 숨어있었다. 그리고 약을 먹는 순간 마치 금방이라도 날씬해질 것 같은 환상으로 기분이 좋아진 것이야말로 도파민 호르몬의 쾌락 작동원리를 잘 보여준다. 살이 빠져서가 아니라 빠질 것이라는 기대감과 행위만으로도 도파민 호르몬이 자극을 받아 기분이 좋아지는 것이다. 어쩌면 이것이 약물의 플라시보 작용일 것이다. 정작 내가 다이어트 약을 사도록 유도하는 절박한 비만 관련 치료의 희망이 아니라 누군가에게 선택당하지 못하거나 버림받을지 모른다는 불안을 잊게 해줄 도파민 호르몬의 쾌락작용이었던 것이다.

하지만 우리가 인정욕구에 매달리며 중독적인 삶을 선택하고 살아가기 전에 무엇보다 중요한 것은 '존중'이다. 나는 찬도 아버지가 찬도를 무시해서 낡고 때에 쩐 반바지를 다시 입혀서 학교로 왔다고는 생각하지 않는다. 찬도도 그랬지만 찬도 아버지도 아주 선하고 고아한 눈빛을 가진 분이셨던 기억이 난다. 하지만 어린 자녀도 인격체로서 수치심과 부끄러움을 느끼는 감정적인 존재라는 것을 이해하기에는 너무 가난했던 걸까? 무심했던 걸까?

아이들은 보는 대로 배운다. 그래서 부모는 최초의 교사이거나 중독적 사고의 촉진 조력자다. 아이들이 최초로 만나게 되는 내추럴 메타버스인 가정환경과 부모의 사고방식은 아이의 사유체계와 사유 패턴의 기초가 됨은 물론 아이 삶의 방향이 된다.

사주팔자나 유전자를 논하는 것은 사실 부모와 선조로부터 내려오는 그 집안의 중독적 사유방식이 기초가 된다고 할 수 있다. 똑같은 중독적 생각일지라도 긍정적인 경우와 부정적인 경우에 따라 삶의 결과는 다르다. 그러나 그것이 다가 아니다. 시대가 달라졌다. 이제 수치심에 의한 두려움과 공포와 긴장과 불안이 부정적인 생각중독을 일으켜 쾌락 중독적인 삶의 방향과 운명을 결정할 수도 있다는 이야기는 진부할 수 있다. 사람 마음까지 조작해내는 급격한 IT 과학기술문명의 발달 때문이다.

우리의 잠재의식은 길흉화복을 만든다. 정신적인 것과 물질적인 것 모두 우리 마음이 만든다. 우리는 현재의식만 가지고 있는 로봇과 같은 존재가 아니다. 현재의식만 있는 사람들은 로봇에 의해 도태되고 로봇에게 지배당하는 디스토피아의 노예로서 살아가게 될지도 모른다. 무엇보다 미래사회의 주인으로 주인 된 삶을 살아가기 위해서는 잠재의식을 활용할 수 있어야 로봇과 기계가 뛰어난 데이터 기반 지능을 가진 미래 과학기술문명 사회를 제어할 수 있다. 그래서 무엇보다 지혜가 있어야 한다. 미래사회는 잠재의식과 심층의식은 물론 '일체유심조'의 불심이 우리의 현실을 만들게 된다. 〈메타버스 스쿨혁명〉에서도 제안했듯이 미래사회의 주도권을 쥐는 사람들은 무한대 마하반야의 상상력으로 스스로의 현실을 메타팩션으로 먼저 써가는 사람들이다. 자기 주도적 메타팩션은 고통조차도 자신의 삶의 성장을 위해 디자인된 삶의 필요충분조건으로써 내려가기 때문에 모든 고통으로부터 벗어날 수 있다. 왜냐면 고통이 곧 행복의 단초가 됨을 알기 때문이다. 고통과 행복은 동전의 양면일 뿐이고 그것을 우리 자신이 어떤 삶의 자세와 태도로 받아들일 것인가가 행복의 열쇠인 것이다. 모든 삶은 내가 끌어들인 것이다. 모든 것은 내가 원인이기 때문에 행복도 내가 만들고 고통도 내가 만든다. 남의 탓을 하면 영원히 고통 속에 갇힌다. 생로병사조차도 내가 만든 것이라고 생각하고 그로부터 영원히 자유와 행복을 얻을 수 있다고 믿을 때 우리는 중독 물질에 의존하는 습관으로부터 벗어날 수 있다. 어쩌면 그것이 해탈일지도 모른다.

이제 나는 디지털 메타버스 사회에 대비한 대안적인 교육이 무엇이냐고 묻는다면 망설임 없이 붓다의 불법이라고 자신 있게 말할 수 있다. 불법은 미래학이자 과학이다. 그리고 무엇보다 끊임없이 변화하는 시·공간의 상태 변화에 따른 적절한 지혜로서의 선택과 결정을 주역처럼 안내한다.

'범소유상 개시허망(凡所有相 皆是虛妄), 무릇 형상이 있는 것은 모두가 허망하다.' 마음속에 있는 생각도 착각이고 배고픔도 실재하는 것이 아니다. 그렇다면 결핍으로 인한 의존에서 발생하는 중독 또한 같은 관점으로 수행적인 교육을 진행할 때 치유가 가능하지 않을까? 사랑받지 못한 내면아이의 슬픔을 부각시켜 어린 자아의 상처를 보듬는 것보다 더 높은 배움은 사랑과 상처라는 관점조차도 우리 마음이 짓는 것이라는 본질을 아는 것이다. 만약 아이들이 금강경의 '범소유상 개시허망'의 불법을 알고 '일체유심조'의 '내 마음이 짓는 이야기'가 바로 자신들의 삶이 된다는 사실을 알게 된다면, 아마도 스마트폰과 타인이 구축한 디지털 메타버스에 중독적으로 접속하는 일은 줄어들 것이다. 그리고 무엇보다 부모들이 함께 변화해야 한다. 그래서 전통사회의 슬로라이프와 한국의 전통적인 밥상머리 교육과 같은 좋은 교육 전통이 살아나야 한다.

중독자본주의 사회의 먹잇감은 바로 심심해서, 피곤해서, 짜증나서, 슬퍼서, 수치스러워서 각종 디지털 메타버스에 올라타서 먹고 마시는 무지한 우리 자신이다. 만약 우리가 이런 현실에 깨어 있으면서 모든 것은 자신의 마음이 만든다는 것에 깨어 있기 위해 아이들과 함께 수행적 삶을 살아나간다면 현재 의식 수준의 디지털 AI가 지배하는 사회에 대한 두려움과 염

려쯤은 간단하게 날려도 좋다.

지금 당장 당신 마음이 짓는 이야기를 먼저 노트에 써보라! 마음에 들지 않는가? 다시 수정해서 써 가면 된다. 그리고? 당신의 노트가 악덕이 아니라면, 행동하고 성장하라!

중독 깨기 | lesson 3. **불안 중독을 이기는 <MIT 마음챙김의 3단계>**

저드슨 브루어(Judson Brewer) 박사의 MIT 마음챙김센터는 '사실에 깨어 있기 - 평정심 유지하기 - 불법에 귀의하기'라는 불교 수행법의 기본 맥락을 취하고 있다. MIT 마음챙김센터의 '마음챙김 프로그램'의 수행 목표는 다음과 같다.

"경전을 이용한 해답은 지식교육에 가깝고 스스로 자신 마음의 불안을 관찰하고 그것이 왜 그리되었는지 이해하고 자신을 스스로 품어 안아 성장시킨다."

저드슨 부루어 박사 또한 고대 근본불교를 공부하며 오랜 기간 수행을 해오던 사람인지라 붓다의 천안통처럼 스스로 통찰적이거나 직관적으로 스스로를 알아간다면 우리의 현실과 교육은 완전히 달라질 것이라는 것을 깨달아 자신의 중독환자들에게 불법적 마음챙김 프로그램을 적용하여 긍정적 치유 결과를 많이 얻었다. 환자들이 자신의 중독 행동이 어디서 유발되어 어떻게 진행되는지를 스스로 관찰자가 되어 살피며 돌보도록 한 것이다.

붓다는 답을 알려주는 것이 아니라 제자들 스스로 깨우치도록 설한다. 불법은 그래서 지혜의 교육이다. 유아 때부터 신앙으로서의 불교가 아닌 종교적 실천 방법이나 자신의 공부를 꾸준히 자발적으로 해나가는 수행법으로 교육한다면 자기주도적 학습은 물론 평생 깨어 있는 지성인으로서 최소한 상대를 배려하고 함께 더불어 살아가는 평화로운 삶의 밸런스를 잡고 살아갈 수 있을 것이다.

무엇보다 중독적 자본주의 사회에서 부처님의 무소유와 연기론적 철학을 기반으로 무주상보시를 기본으로 하는 부처님의 가르침을 수행 보시 봉사의 행으로 실천해가도록 하는 정토회의 수행시스템은 우리 아이들의 미래를 위한 매우 탁월한 교육시스템의 롤모델이라고 할 수 있다. 아마도 정토회의 지혜로운 전법교육 시스템은 하버드를 능가하는 미래교육의 샤넬이 될 것이다. 세계적인 교육브랜드로의 성장은 물론이고 자기 수행으로 세상을 변화시키는 수많은 붓다들의 출현을 가능하게 할 것이다.

MIT 마음챙김의 불교적 수행 3단계 (불법에 귀의함)

1단계, 이해: 당신의 중독은 어떤 모습인가(항상 사실에 깨어 있는다)?

관찰자의 모습으로 자신의 불안한 내면의 또 다른 에고를 바라보는 수행 연습이다. 중독을 급하게 고치려는 마음을 접고 단지 관찰하며 이해하는 단계다. 그리고 명료하게 자신의 문제를 바라본다. 뇌과학적으로는 배내측 전전두 피질과 자기반성과 성찰 및 자기 주관성을 관장하는 전두극 부위의 활성화를 통해 집중한다.

2단계, 호기심: 중독이 일으키는 결과를 이해한다(욕망과 시비에 사로잡히지 않는다).

알코올, 약물, 디지털, 흡연 중독 등의 결말이 얼마나 끔찍한 것인지를 분명하게 본다. 붓다가 젊은 미모에 집착하는 여인에게 생로병사의 한 생애를 신통력으로 보여주었더니 육신이란 똥이 담긴 푸대 자루와 같다는 것을 깨달아 집착을 내려놓았다는 이야기처럼 중독적 사고와 강박적 집착은 잠시 쾌락을 안겨줄 뿐임에 깨어 있다.

3단계, 재설계: 불안에서 몰입, 평온, 내적 성장으로(내 마음이 고요하면 법이다)

우리의 뇌는 불안보다 몰입, 평온, 내적 성장이 훨씬 가치 있음을 알고 있다. '이뭐꼬'와 같은 몰입을 위해서는 화두 자체에 자신의 내적인 앎에 대한 열망과 궁금증인 호기심으로 동기부여하는 것이 화두 몰입에 도움을 줌은 물론 화두가 풀렸을 때 큰 만족감과 행복감을 얻을 수 있다. 몰입을 위해 손가락을 소지하거나 금식을 하는 등 다양한 방법으로 수행을 진행하며 경계를 넘어섬은 물론 화두 자체의 경계 자체가 없었음을 알아가는 경지이다. 일체유심조의 붓다의 가르침을 확연하게 통찰하고 마음속 시비분별을 모두 없앤 상태일까? 마음의 경계를 없앤 무경계의 상태로, 캔윌버의 무경계 책을 통해서도 도움받고 이해할 수 있다.

3교시

물상시간

Core lesson 피해의식

강수권 선생님에게 왕복으로 뺨을 30대 정도 맞았을 즈음일까? 미친 듯이 좌우로 휘청거리던 나는 정신을 잃었다.

"은형이 부모님한테 연락됐나요? 어째요…. 강수권 선생님 진짜 평소에도 피해의식이 너무 심하다고 생각했는데…. 애를 기절할 때까지 때리시다니…."

누군가의 목소리에 눈을 뜨니 걱정 가득한 가정선생님 얼굴이 내 얼굴 위로 가득 쏟아져 들어왔다. 선생님의 말씀에서 나는 최초로 '피해의식'이라는 언어와 지식을 얻었다. 삶의 경험이 배움이 되고 지식이 된다는 말이 바로 그런 것일까? 아무튼 3교시 물상시간의 핵심 요점은 자신의 신체나 돈과 명예 등에 손해를 입었다고 생각하는 감정이나 견해가 바로 피해의식의 핵심이라는 것이다. 특히 피해의식을 가진 사람은 필요 이상의 분노나 스트레스로 자주 흥분하므로 불관용과 고집으로 인간관계가 협소해진다. 중독적 사고에서 중독자들이 일반적으로 보여주는 사고패턴이기도 하다. 자신을 비난하거나 무시하고 있다는 피해의식이 점점 심해지면서 피해망상을 만든다. 어쩌면 중독 자체가 망상과 환상에 의존하며 잠간의 쾌락에 위안을 받는다는 점에서는 중독환자들이 갖고 있는 고질적인 병증이자 주변 가족들과 조직 등 현실 생활에서의 파괴적 위력이 매우 놀라운 인식체계다. 모든 것을 우리 마음이 짓는 것은 진리인데, 피해의식과 망상을 가진 사람의 이야기는 늘 부정적인 디스토피아라는 것이 문제의 본질이다.

중독자들은 중독물에 중독되기 이전에 이미 일상에서 피해의식이라는 생각에 중독되어 고립감을 느끼거나 자기 마음대로 통제되지 않는 삶에 대한 불만으로 술이나 담배, 약물 등 중독성 물질에 의존해서 자신의 확고한 생각을 강화시켜 나가는 과정에서 중독에 빠지는 것이 대부분이다. 어쩌면 물상시간에 내가 강수권 선생님한테 폭풍 싸대기를 맞고 쓰러졌던 것도 피해의식 쩌는 교사와 피해의식 쩌는 아이의 부닥침이 불러온 참사였을지도 모른다.

Object lesson 구조화(framing), 그래서 나도 그냥 울었어

3교시 과학시간은 '강수건'이라는 별명을 가진 강수권 선생님 시간이었어. 선생님은 주로 회색 양복에 약간 풀린 진청색 넥타이 차림으로 수업에 들어오셨는데 나는 가끔 회색양복 차림의 우리 아버지와 비슷하다고 느끼곤 했어. 강수권 선생님 둘째 딸도 우리 옆 반 친구였는데 한 번도 말을 해본 적은 없지만, 왠지 나한테는 비호감이더라고. 왜냐고? 수업시간마다 내 질문은 무시하고 공부 잘하는 경주 질문은 기분 좋게 받아주는 강수건 선생님이 꼴 보기 싫으니까 선생님 딸도 더 못생겨 보이고 그냥 싫었던 거지. 그런데 강수건 선생님을 다른 아이들도 싫어했던 것은 아냐! 친구들은 별 문제를 느끼지 않는 물상시간이 유독 내게만 스트레스를 주는 수업이었던 것은 내 질문을 매번 무시하고 진도만 나가는 선생님에 대한 분노와 스트레스였을 거야. 반대로 말하자면 나는 선생님한테 모범학생으로 인정받고 싶었던 것이겠지. 계속되는 나의 질문, 계속되는 선생님의 무시는 내 마음에 피해의식으로 남았고 그 생각에 사로잡혀 있다 보니 선생님 딸까지 싫어졌던 것이지.

사실 선생님이 오늘 유독 기분 좋게 우리 반 수업에 들어오신 것은 팩트야. 주번의 차렷 경례가 끝나자마자 시험 진도를 빨리 나가야 한다고 말씀하셨는데 하필이면 액체의 고체화에 대한 설명에서 물이 얼음이 되는 과정에 대해 설명하신 거지. 그런데 그때 갑자기 내 머리를 스치고 지나간 장면이 있었어.

초등학교 2학년 때 우리 집에서 살던 덕모네 아빠가 미군부대로 출근하시며 흰색 피겨스케이트화를 선물로 갖다 주셨어. TV에서 피겨스케이트 선수를 보면서 피겨스케이트를 배워보고 싶었던 나는 너무너무 기뻤고, 옆 동네 저수지가 추위로 얼어붙었다는 정보만 들리면 매일 스케이트를 타러 다녔어. 그런데 저수지 가장자리엔 물이 얼지 않고 찰랑거리고 중심 부위 쪽으로 가면서 단단하게 얼음이 얼어있는 현상이 신기하고 궁금하더라고? 그래서 정말 선생님을 놀릴 생각은 티끌만큼도 없었고, 너무너무 궁금해서 모든 물이 낮은 온도에서 얼음으로 변해서 고체화된다면 저수지 가장자리의 물은 왜 똑같은 조건에서도 얼지 않고 액체로 찰랑거리는가? 하는 질문을 드렸어. 그런데 선생님이 시험 진도 나가야 한다며 대답하지 않고 나를 유령인간 취급하면서 개무시하시잖아? 그때 반장 경주가 시험 진도에서 질문 있다니까 너무나 자애롭고 친절한 얼굴로 차근차근 대답해 주시지 않겠어? 그래서 선생님의 설명이 끝나자마자 나도 일어서서 내 질문에 대한 대답을 듣고 싶다고 했더니 교과서 진도 관련 질문이 아니면 절대로 대답하지 않겠다며 나보고 수업방해 좀 그만하라고 소리를 지르시잖아? 그때 선생님의 의외의 반응에 놀라기도 했지만, 나도 잠재되어있던 피해의식이 탁 건드려지면서 열 받은 삐딱한 목소리로 "에이 씨 강수건" 정도의 말을 소리 낮춰 뱉으며 앉았는데…. 알잖아? 내 목소리가 초등 4학년 때부터 반공웅변으로 단련하여 득음한 초고도 데시벨이라는 거. 피해의식으로 똘똘 뭉쳐진 사람들은 무척이나 예민한 데다 목소리 데시벨이 100, 열 받은 에너지 장파 1000이다 보니 자격지심 강수건 선생님이 내 목소리의 파동을 놓칠 리가 없었던 거지. 그래서?

선생님은 갑자기 나를 향해 얼굴이 벌게져서 돌격해오셨어. 아마도 순간이동이란 그런 걸 거야! 사명대사의 축지법일까? 그때 나는 처음으로

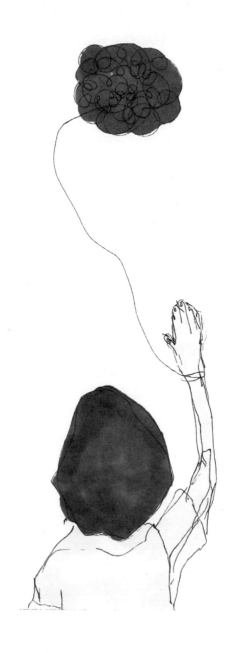

축지법의 원리를 어렴풋이 알게 되었던 것 같아. 인간의 진심 어린 에너지가 시간과 공간을 거슬러 그것에 이르게 한다는 끌어당김의 법칙이랄까? 암튼 순간적으로 내 앞에 당도한 선생님은 앉은 나를 거칠게 일으켜 세우시더니

"금은형 너 뭐라고? 강수건이라고?"

하시더니 싸대기(뺨을 때렸다는 말보다 싸대기라는 표현이 아주 딱 적절하게 부합함)를 정말 기관총 갈기듯이 다다다다 갈기기 시작하셨는데 그 속도가 가히 보자마자 떨어져 사라지는 별똥별 수준이었어. 별똥별 보고 소원 빌면 이루어진다고 하지만 소원 빌 시간조차 없이 휙 떨어지잖아? 마치 그랬어. 왜 나를 때리시나요? 물어볼 틈도 없었고, 맞으면서 심하게 좌로 우로 흔들거리며 타격을 이겨내느라 아무 소리도 듣지 못했음은 물론 기억이 하얗게 바래지는 느낌이었을까? 어느 순간 흔들거리는 내가 있고, 벌게진 얼굴의 선생님이 있고, 바닥에 쓰러졌다 다시 일어서는 내가 있고, 다시 또 쏟아지는 선생님의 분노에 찬 싸대기가 있고, 그 지나친 손찌검을 세고 있는 내가 있고….

망각이란 참 좋은 뇌의 마술인 것 같아. 그 순간을 다시 기억에서 돌려내니 나도 모르게 그 날의 막막한 공포에 직면했던 아이가 되어 다시 울게 되네. 엄마아빠를 부를 수도, 생각할 수도 없었던 당황스런 무자비한 선생님의 폭력으로 열세 살 나는 그렇게 정신을 잃고 쓰러졌던 거야.

다행히 옆 반 교실에서 수업을 하던 가정선생님이 달려와 나를 양호실로 급히 데려갔고 나는 가정선생님의 걱정 어린 말소리에 정신을 차리고 나서 '피해의식'이란 가정선생님의 교양 있는 언어로 내 처참하게 퉁퉁 부어오른 삶의 순간을 정리할 수 있었어. 때리는 선생도, 맞는 학생도 모

두 피해의식 쩌는 가엾고 나약한 존재들….

만약 그때로 되돌아간다면 그 여리고 가엾은 선생님도, 그 약하고 가엾은 학생도 모두 꼭 안아 다독거려주고 싶어. 하지만 그 날의 진실을 이야기하자면 가정선생님이 누워있는 나에게 가사실습실에서 학교에 손님들 온다고 팥고물 경단 만들고 있다고 함께 가자고 하셨고, 그 말에 갑자기 엔돌핀이 돌며 뇌 속에 불이 번쩍 일더라. 그리고 늘 나를 인정해주고 칭찬해주는 가정선생님이 엄마처럼 내 옆에 앉아 날 걱정해주고 있다는 이 현실의 드라마틱한 그림이 난 너무너무 좋았어. 텔레비전 드라마에 그런 거 많잖아? 가벼운 상처로 입원한 여주인공이 입원한 병원에 멋진 남자가 꽃다발 가지고 문병 오는 낭만적인 장면. 양호실에서 나는 꽃다발이 없다는 것 하나 빼곤 가정선생님이 옆에 계셔서 아쉬운 점이 하나도 없었어. 그래서 가정선생님의 부축을 받으면서 퉁퉁 부은 얼굴로 가사실에 가서 달콤한 팥 경단에 식혜까지 마실 상상만으로도 도파민들이 전해주는 무지막지한 쾌락과 행복 메시지로 기분이 좋아져서 4교시 가정 수업을 들으러 교실로 갔지. 그런데 상상하지도 못한 상황이 벌어졌지 뭐야?

아이들이 마치 나를 귀환한 영웅처럼 박수를 치며 반기는 것이 아니겠어? 심지어 내 짝이었던 민씨 현숙이는 괜찮냐고 물으며 내 목을 끌어안고 엉엉 울더라? 그래서 나도 그냥 울었어.

Big lesson 선생님은 사과하지 않았어

물상선생님은 내가 2학년으로 진급할 때까지 나에게 사과하지 않았다. 사과는커녕 그날 이후 내가 앉아있는 분단 쪽으로는 고개도 돌리지 않으셨다. 피해의식이 강한 사람들은 자신의 합리성을 의심하지 않음은 물론 자기 생각에 대한 추호의 의심도 없는 자기 편향적 사고를 한다. 물론 자신의 관점과 다른 사람들의 의견에 대해 불관용적인 태도로 일관하며 모든 잘못은 다른 사람들의 어리석은 생각 때문이라며 대체로 남 탓을 한다.

나중에 가정선생님이 가사실 청소를 하는 내게 해주신 말씀인데, 교무실에서 강수권 선생님은 내가 쓰러질 때까지 맞을 만한 짓을 했다는 증거를 한 트럭은 댈 수 있다고 호언장담하셨단다.

자신에게 호의적인 사람들의 단발적인 실수에도 심각한 분노를 느끼는 피해의식이 강한 사람들은 적대적인 상대일 경우엔 더욱 불관용적이다. 설사 상대가 잘못을 인정하고 저자세로 나와도, 분노를 누르지 못한 채 날뛰며 흥분하고 본인 스스로도 정신적 고통을 겪는다. 그래서 피해의식이 강한 사람들은 실제로 오랫동안 피해를 당하고 산 사람과 똑같은 사고방식을 가지게 된다고 한다. 그런데 이런 감정 상태는 진실이 아니고 인지오류이며 뇌의 조작이다. 우리 두뇌의 본성 자체가 소설가이며 이야기꾼이기 때문이다. 우리 두뇌는 우리의 생존을 위해 끊임없이 이야기를 왜곡하며 사실을 짜깁기한다. 상대방의 말을 못 믿겠는가? 그렇다면 당신 자신의 말도 의심해

봐야 한다. 수도 없이 많은 인지오류와 망각과 건망증, 믿고
싶은 대로 믿게 되는 우리 두뇌의 오작동들···. 그러니 부처님
이 유익하지 않으면 침묵하라고 하셨는지도 모를 일이다. 사
실 우리가 속지 말아야 할 것은 타자가 아닌 바로 생존을 위
한 우리 두뇌의 조작된 거짓말인지도 모른다. 그리고 이것이
공격성으로 표출되면 피해망상적 범죄로 이어지게 되는데, 어
쩌면 과학시간에 내가 겪은 사건도 같은 맥락에서 이해할 수
있는 것은 아닐까?

중학교를 졸업하고 고등학생이 되어 친구 지진이와 핫도그
를 사 먹으러 분식점으로 가고 있는데 우리와 반대편에서 강
수권 선생님이 걸어오고 계셨다. 지난 일을 쉽게 잊어버리는
나는 반가운 마음에 한걸음에 달려가 "선생님!" 하고 인사를
드렸는데 선생님은 나를 무시하고 지나쳐서 "지진이, 잘 지냈
니? 아이구 이제 고등학교 교복 입으니 어엿한 숙녀네" 하면
서 지진이에게만 인사를 건네는 것이 아닌가? 그 순간의 모멸
감은 아직도 잊히지 않는다. 절친 지진이에게조차 창피스럽고
수치스럽던 감정을 잊지 못하는 것이 아니라 그 상황의 황당
함 자체가 한 장의 사진처럼 뇌리에 박혀 잊히지 않는다. 선생
님은 마치 지킬박사의 하이드처럼 나를 때렸지만, 선생님 또한
상처받았던 것이다. 아니 이미 상처받은 존재였기에 나에게 과
도한 분노가 폭발한 것인지도 모른다. 나중에 들은 이야기인
데 선생님은 교사 자격증이 없는 무면허 교사로 우리가 대학

교 때쯤인가? 학교를 그만두셨고, 또 내가 40대 초쯤이었나, 암으로 돌아가셨다는 소식을 들었던 것 같다. 스물세 살에 나도 중학교 역사 교사가 되어 수업을 해보니 내가 모르는 것을 질문하는 아이들이 미웠고(^^;), 교과서 진도에서만 질문하라던 말씀의 뜻을 헤아릴 수 있었다. 선생님은 하늘이고 모르는 것이 없는 분이라는 과대망상적 사회적 부풀림이 어쩌면 선생님을 더욱 큰 피해망상으로 내몰았던 것인지도 모르겠다.

우리는 객관적 세계가 아닌 자신만의 방식으로 해석한 주관적인 세계에서 살 뿐 아니라 고립된 피해의식으로 관계 또한 점점 협소해진다. 이제 디지털 메타버스 시대로 돌입하며 문제가 더욱 확장되고 있는 사이버 리플리증후군(자신이 만들어낸 허구 세계 속 모습을 실제 자신의 모습이라 믿고 거짓된 말과 행동을 반복하는 반사회적 인격장애) 또한 같은 맥락으로 생각해봐야 할 심각한 인류 정체성의 문제이기도 하다. 알파세대 아이들 중 많은 아이가 디지털 메타버스 내에서 사이버 리플리증후군을 앓고 있을지도 모른다. 우리는 이미 리플리증후군의 폐해를 적나라하게 보고 있다. 삶은 내가 만든 허구의 인형놀이가 아니다. 브랜드 명품 옷으로 바꿔 입고 지위가 변했다고 해서 한 개인이 가지고 있는 도덕성과 기본 품격까지 갈아입지는 못한다. 흰 장갑을 낀다고 백작부인은 아니다. 꿈을 꾸되 피해망상적 꿈에서는 깨어나야 한다. 인간의 지위상승이란 직위를 말하는 것이 아니라 그의 영성의 성장과 승격을 의미한다는 것

을 명심하고 가치롭고 의미 있는 삶의 지향점을 만들어가야
한다. 명품이란 그런 것이다. 명품 옷을 입은 허수아비가 아
닌 장인의 예술혼이 담긴 명품의 가치를 더욱 깊이 있게 높여
주는 태도와 자세로 함께 지극한 빛을 발하는 상태를 말한다.
그를 보는 것만으로도 전율이 이는 감동을 주는 깊은 사랑과
관용과 인내의 품격을 격조 높은 명품이라 말한다. 함부로 가
벼이 흉내 내며 경하게 까불지 말아야 한다.

다양한 피해의식이야말로 생각중독의 카르마 중에서도 맹독
성인데, 이를 회피하기 위해서 중독성 물질에 의존하기 시작하
면 피해의식은 바로 중독적 사고로 변환되며 피해망상의 괴물
로 진화한다. 열등감과 피해의식은 피해망상의 괴물을 만드는
인큐베이터이다. 그들은 자신들이 만든 프레임 안에서만 세계
를 해석하고 이해한다. 그렇기에 중독자들과 정상적인 소통을
기대한다는 것은 그 출발점부터
가 모험이라고 할 수 있다. 차
라리 우리 두뇌의 작용 또
한 환상과 환각이 기본
이라는 사고의 기반에
서 중독자들이 겪는 환
각의 세계에 접근하며
그들이 쌓아놓은 그들
만의 편향적 요지부동

한 사고의 우물을 허물어가는 것이 현명할 것이다. 현대물리학에서도 우리 존재가 물거품과 같은 양자로 시공의 관계 속에서만 나타나는 환상이라 하지 않았나?

피해의식이 많은 사람 자체가 카르마적 생각중독의 고단함이 있는 데다 이들이 또한 중독에 취약한 성향이 있다 보니 그들을 변화시킨다는 것은 더욱 어려운 일이다. 그렇다고 길이 없는 것은 아니다. 정서적 취약함이 발동하기 전에 충분한 사랑과 신뢰, 그리고 스스로 자신을 바라보는 깨어 있는 수행자적 삶의 자세와 태도로 훈련해나간다면 맹독성의 사고의 편향성을 예방할 수 있다(있다고 예측한다. 프로그램상으로는 결격사항이 없으나 피해의식이 있는 사람들의 정도에 따라, 중독 정도에 따라 엄청난 인내와 설득과 자비심과 헌신이 필요한 부분이다. 지장보살처럼 중생을 구제하기 위해 지옥불로 뛰어들 각오가 있어야 한다).

부처와 중생, 번뇌와 보리, 주관과 객관, 본질과 현상을 둘로 나누어 모양을 지으면 그것은 상이 되어버린다. 일체가 한 몸이고 하나임을 보아야 한다. 이것이 일체동관(一體同觀)이고 불이의 세계관이다. 그런데 사람들은 늘 사랑받고 싶어 하고 인정받고 싶어 하고 도움받고 싶어 한다. 삶의 괴로움은 이렇게 남에게 의지하고 기대하는 마음에서 비롯된다. 진짜 피해의식 없이 마음이 편안하고 행복해지려면 무엇보다 '무주상보시'의 바라는 마음 없이 베푸는 삶의 태도는 물론이고 상대가 나를 칭찬하고 인정하기를 바라지 말고 내가 먼저 나를 인정하고 지지하고 사랑하고 믿는 강건한 마음자세를 갖도록 교육해야 한다.

물상선생님에게 내가 강박적으로 질문을 많이 했던 이유를 좀 더 깊이 내려가 살펴보면 어린 시절 아버지께 질문해서 받은 칭찬과 사랑이라는 보상이 그 출발점이 아니었나 싶다.

내가 초등학교 입학 전 어느 날 아버지가 말씀하셨다.

"물과 같은 모든 액체의 속성은 위에서 아래로 흐른다는 거다."

"어? 그런데 왜 피는 몸 아래로 내려왔다가 다시 위로 흘러가요?"

나의 이 질문에 아버지는 너무 똑똑한 질문을 했다며 내가 그토록 원하던 까만 머리 인형을 큰 다리 장난감 가게에서 상으로 사주셨던 것이다. 그때의 커다란 보상은 내 두뇌 도파민 호르몬에 크게 각인되어 서슴없이 아무 때나 무엇이나 질문하는 습관을 만들어냈고 그것이 바로 강수권 선생님을 당황시키며 피해의식을 자극했던 것은 아닐까? 무엇인가를 기대하는 보상에 대한 기대 심리는 긍정적으로 작용 되기도 하지만 그래서 중독적 삶으로 이끄는 악마적 심리이기도 하다. 무엇도 바라는 마음 없이 행한다는 무주상보시의 마음을 낸다면, 좋고 나쁨의 분별없이 다만 지금의 나의 삶에 충실하게 살아간다면 그뿐 아니겠는가?

중독 깨기 | lesson 4. 피해의식 많은 학생과 교사를 위한 school meditation

학생 명상 프로그램

1. 좌선 명상

반가부좌 자세로 앉아 시선을 코 아래에 집중하거나 집중표에 집중하며 자신의 의식을 집중하는 훈련으로 집중력 향상은 물론 다양한 주제의 명상에도 도움이 된다. 피해의식에 의한 화도 내려준다(훈련이 좀 잘 된 경우 아니면 분통이 더 터지는 부작용도 염두에 둘 것).

피해의식에 쩔어 분노조절이 어려운 학생들에게 눈감고 오랫동안 좌선을 강요하면 교사가 오히려 얻어맞을 수도 있다는 역기능이 있음. 해당 학생의 경우 반드시 분노가 가라앉은 다음, 다음 날 정도에 자기 성찰 프로그램으로만 사용 권장함.

2. 듣기 명상

듣기 명상은 교사가 천천히 읽어주는 문장을 집중해서 듣고 그대로 필사하는 훈련이다. 디지털 메타버스 시대의 MZ세대와 알파세대 아이들은 물론이고 성인들도 스마트기기의 장시간 사용으로 집중력의 효율이 떨어짐은 물론 상대의 이야기를 제대로 듣지 못하는 ADHD적 특성이 강화되면서 상호간 소통이 매우 어려워진 시대다. 부모와 자녀 간 불화 중 지적장애 아이가 단어를 이해하지 못해서 소통되지 않는데, 부모는 애가 부모를 무시해서 말을 듣지 않는다고 오해하는 경우도 많았다. 그런데 디지털 스마트기기의 남용으로 우리는 모두 상대의 말을 알아듣지 못하거나 듣기 싫어하는 분열적 장애인이 되어간다. 상대에게 공감하기 위한 열린 자세와 태도로 고요히 상대방의 말에 귀 기울여 듣고 써보면서 배운다.

교사명상프로그램

1. 바디스캔

반듯하게 누운 상태에서 편안하게 호흡하며 머리에서 발가락까지 자신의 신체 부위를 의식해 나가며 느슨하게 이완하는 프로그램으로 교사들의 스트레스를 풀어준다.

2. 사자의 포효와 싸움

교사들이 가진 내면의 공격성을 건강하게 풀어주며 정화하는 프로그램으로 오쇼 명상 중 자기 내면의 사자를 깨우는 사자의 포효 명상과 맥을 같이한다. 교사 두 명이 한 조가 되어 서로 사자의 자세를 하고 골목에서 마주친 성난 사자들처럼 노려보면서 큰 소리로 으르렁거린다. 이는 학생들의 공격성을 이해하는 것은 물론 교사들의 내재된 분노와 공격성을 표출하면서 건강한 힘과 에너지를 다시 생성시키는 프로그램이다. 처음엔 익숙하지 않지만, 상황극과 역할극으로 설정하여 진행하면 좋다. 사자의 탈을 쓰고 하는 것도 하나의 방법이다.

3. 상처 공유와 비폭력대화 나누기

학생과 학부모로부터 받은 스트레스와 상처를 교사들이 그룹으로 둘러앉아 비폭력 대화법으로 솔직하게 나누며 서로의 상처에 공감하고 새로운 자존감을 공유해가는 명상법이다. 고른 숨을 쉬는 호흡명상법에 가깝다.

4교시

가정시간

Core lesson 현실도피

제대로 된 관계는 조작과 통제가 아니라 진실한 접속과 헌신을 통해서만 이루어진다. 그것이 아닌 관계는 망상이거나 허세이거나 거짓이다. 물론 누군가에게 기쁨을 준다는 것은 의미 있는 일이다. 그러나 그를 위해 자신을 속이거나 자기망상에 빠져 있는 것은 관용이 없고 이타적 마음씀이 없는 중독자들의 현실왜곡만큼이나 악한 일이다. 중독자들의 왜곡된 사고가 중독의 원인(생각중독)인지, 아니면 왜곡된 사고가 중독으로부터 오는(중독적 사고) 것인지는 답하기가 쉽지 않다. 하지만 분명한 것은 우월감 또한 열등감에 대한 방어기제라는 것이고 현실도피 또한 마찬가지 맥락으로 읽어낼 수 있다.

나는 요리하는 가사실습 시간을 좋아했던 것일까? 아니면 실습 후 시식시간의 기대감을 즐겼던 것일까? 그것도 아니면? 어쩌면 나야말로 중독자들처럼 현실을 왜곡하고 자신을 과시하며 그 뒤에 숨기 위해서라도 더욱 인정욕구에 매달렸는지도 모르겠다. 가정선생님을 좋아한 것 또한 가사실 청소 잘하고 일 잘 돕는다며 칭찬하는 선생님의 말씀이 신나고 즐거웠던 때문이다. 실습실에서 선생님을 돕는 일이 놀이처럼 생각됐다는 것은 마치 메타버스 시대 청소년들이 새로운 게임이나 디지털 포르노에 몰입하면서 전두엽이 각성되며 도파민 호르몬이 폭발하는 것과 같은 현상이었을 것이다. 그렇지 않고서야 그토록 즐거웠을 리가 만무하다. 아이들이 도파민 폭발로 즐거워하는 것까지는 좋은데, 문제는 디지털 온라인문화를 통해 값싸게 뿌려지는 틱톡, 릴스, 숏 등 짤방이라 불리는 밈이 문화세포의 역할을 하면서 전염되듯 맥락 없이 문화의 주류를 형성해가고 있다는 것이다. 전자책을 읽은 독자들의 텍스트 독해력과 이해력이 현저히 떨어진다는 것은 널리 알려진 사실이다. 디지털 미디어의 멀티태스킹 역시 산만함을 불러오는데, 틱톡이나 릴스 등 짤방의 빠른 흐름은 분열의 시초라고 말해도 과언이 아니다.

특히 코로나 이후 주의력결핍(ADHD) 어린아이들이 급격하게 늘어났다는 보도에 귀 기울일 필요가 있다. 코로나 이후 아이들은 학습도구로서 개인 스마트기기를 갖게 되었고, 부모님의 기기를 사용할 때보다 훨씬 자유롭게 인터넷에 접속한다. 초등학생들이 보는 유튜브 채널들이 대체로 숏타임이다. 틱톡의 크리에이터들이 초기에 초등학생 중심이었다는 것과 제페토나 마인크래프트 등의 메타버스 유저의 75% 이상이 초등학생인 알파세대 아이들이라는 보도들은 우리가 직면하고 있는 분열된 세상에 대한 예시인지도 모른다. 특히 아이들은 단편적인 사고를 하기에 더욱 치명적이다. 긴 맥락 안에 한 토막만 잘라서 그 사람과 문화를 대변하게 된다는 말이니, 밈 자체가 거짓 사실을 조작해내는 무서운 도구가 될 수 있다는 것이다. 15초 동안 흰 장갑을 끼고 밈이 끝난 16초 이후부터 장갑을

긴 상태에서 밭을 일궜는지, 설거지를 했는지, 악수를 했는지, 닭을 잡았는지를 알 수 없다는 것이 문제라는 것이다. 디지털 메타버스 시대의 즐거움들이란 각종 플랫폼 상에서 이런 식의 망상과 조작된 관계를 유도하고 있다. 현재 한국의 미디어 매체들이 돈을 버는 가짜뉴스 편집 방식도 밈의 짜깁기로 도파민을 자극하는 전략과 깊은 연관이 있다.

데이비드 T 코트라이트(David T. Courtwright)는 그의 책 〈중독의 시대〉에서 우리 뇌는 보상의 강도가 점점 감소하더라도 도파민을 증가시키는 그 어떤 행동도 동기 회로에서 계속 반복한다고 말한다. 사실 우리의 뇌는 메뉴판의 사진을 보거나 요리 냄새를 맡거나 ASMR의 감자칩이 바스락 씹히는 소리나 콜라 뚜껑이 '뺑' 하고 뚫리는 소리만 들어도 벌써 즐거워지기 시작한다. 먹는 것에 대한 쾌락은 생존과 긴밀한 연장선상에 있기 때문이다. 먹는 행위와 사랑 행위 자체가 인류의 생존과 종족 보존을 위해서는 가장 기본이 되는 활동이기에 우리 두뇌는 즉각적인 도파민 쾌락보상으로 먹고 사랑하는 생존 본능 행동을 반복하도록 한다. 그래서 당신에겐 키스도 달콤하고 캔디도 달콤하다. 인간 두뇌 자체가 종족 보존을 위한 방향으로 진화해오면서 만들어진 시스템이기 때문이다. 그러나 이 달콤한 보상에 집착하면 과유불급의 중독이 된다. 왜냐고 묻고 싶은가? 당신이 안고 있는 불만족한 삶과 불행이 도파민 자극 뒤로 당신을 숨게 해주기 때문이다. 사랑도 현실도

피가 되고 먹방도 현실도피가 되는 이유다. 그리고 그 둘 다 섹스중독과 음식중독으로 다른 약물중독 이상의 병증을 만든다. 자신의 고통스런 현실과 직면하지 않고 현실도피를 한다는 것이 단순히 제주도로 훌쩍 떠나는 행위만이 아님을 직시해야 한다. 우린 지금 이 자리에서 유튜브의 쩔방을 보며 현실로부터 도주하고 직면한 삶과의 조우를 미룬다.

비만과 흡연, 디지털 포르노에 대한 강박적 집착은 물론 진통제 약물중독도 병증으로 분류되는 시대다. 그러나 당신의 의지가 약하고 비겁한 성격때문이라고 자책하지는 말라. 우리의 삶을 둘러싸고 있는 환경과 시스템이 우리를 더욱 병자로 몰아가고 있다. 이런 함정은 식품산업에서도 찾을 수 있는데, 마약옥수수, 마약떡볶이, 마약빙수와 같은 닉네임을 버젓이 사용함으로써 음식중독을 합리화한다. 도파민 호르몬의 쾌락이 이제는 인간의 생존과 종족 보존을 위한 보상이 아니라 기업 이윤을 극대화하는 도구로 전락하면서, 탐욕스러운 쾌감으로 오히려 인간을 역습하고 있다. 우리가 중독자본주의 시대 사회구조와 시스템에 대해 깨어 있어야 하는 이유다. 중독자본주의 그물망은 생각보다 무척 조밀하고 폭이 넓은 투망이다. 더군다나 그물의 버릿줄을 글로벌 IT 공룡기업들이 쥐고 있다는 것은 더 큰 문제다.

우리가 '편한 것은 좋은 것'이라는 생각의 중독에 빠져 습관적으로 생각하게 된다면, 우리 삶은 곧 중독적 사고의 우물에 갇히게 된다. 메타버스 디지털 플랫폼의 위험과 해악의 포인트가 바로 그곳에 있다. 디지털 메타버스 플랫폼 알고리즘의 원격조종을 받는 삶을 주체적인 주인된 삶이라 할 수 있는가? 우리 사고가 자동화된 그들의 데이터에 의해 통제되고 있는데? 심지어 내가 새우깡을 좋아하는지, 꿀꽈배기를 좋아하는지를 알고리즘이 더 잘 아는데? 알파세대 아이들은 가족에게 기대지 않는단다. 알고리즘이 자신과 가족보다도 자기를 더 잘 알고 있다고 느끼기 때문이다. 하고 싶지 않은 수업을 한 시간 내내 견디는 것도 아이들에겐 큰 고통이다. 고통을 잊기 위해 현실을 도피하는 사람들이 주로 중독적인 매체에 몰입하는 경향을 보이기도 하지만, 이를 생산적인 몰입으로 변환시킨다면 아이들은 예술가가 되고 요리연구가가 되고 문학가도 될 수 있다는 것을 쥐를 피해 도망간 가사실습실에서 문득 처음 깨닫게 되었다.

Object lesson 그런데 그 시간이 너무 행복한 거야!

양호실에서 정신을 차리고 가정수업을 들어갔는데, 수업이 시작된 지 얼마 되지 않아 어이없게도 교실 마룻바닥 틈을 비집고 쥐가 튀어나온 거야. 교실이 순식간에 비명 소리로 아수라장이 되었고, 애들 모두 책상 위로 올라가거나 교실 문을 열고 복도로 튀어 나갔어. 국민 보건을 위한다고 집에 있는 쥐를 잡아서 쥐꼬리를 잘라 학교에 숙제로 제출하던

1970년대 초 초등학교 시절보다는 상황이 많이 좋아졌지만, 그래도 쥐는 여전히 사람들 집이 활동무대였어. 선생님은 우리보다 더 빨리 복도로 나가 계시더라고. 출몰한 쥐 때문에 1학년 복도가 우리 반 교실부터 시작해서 온통 난리가 난 거지. 가정선생님이 일단 가사실로 들어가라고 해서 들어갔는데 다른 반 가정선생님과 서무과에서 육성회비 받던 언니가 앞치마를 입고 경단을 만들고 있더라고. 쥐를 피해 반 전체가 피난을 갔으니 수업진도 나갈 일도 없고 웅성웅성 떠들며 앉아있는데, 가정선생님이 경단 실습하고 싶은 사람 다섯 명만 나오라고 하시더라고. 난 머리가 좀 아팠지만, 퉁퉁 부어오른 얼굴로 양호실에서 나를 도와주신 가정선생님께 보답하고 싶어 경단 만들기를 시작했어.

영어 시범학교로 일 년 내내 넥타이를 맨 손님들이 북적거리던 우리 학교는 격조 있게 손님을 대접해야 한다는 김용선 교장선생님의 신념 하에 가정선생님들이 직접 다과를 만들어 대접했어. 마침 가정선생님 주요 업무가 수업보다는 손님 대접 음식을 만드는 일이다 보니, 가정시간은 물론이고 다른 시간에도 학교에 손님만 오시면 선생님과 함께 찹쌀 반죽으로 새알심을 빚어 삶아 팥과 카스텔라 가루 위에 굴려 경단을 만들었지. 재미있었어. 학교에 손님들이 끊어지기 시작하는 초겨울쯤이면 가정실습실 대청소 시즌이야. 수업을 빼고 가사실습실 그릇을 소독하고 닦아 정리하고 찬장과 싱크대까지 닦느라 어떤 날은 하루종일 가사실에서 일만 하다 집에 가기도 했어. 그런데 그 시간이 너무 행복한 거야! 만약 부모님들이 그 사실을 알았다면 어땠을까? 음…, 아마도 아무 일도 없었을 것 같아. 왜냐면 우리 부모님들은 항상 "선생님은 하느님"이라고 가르치셨거든. 선생님이 시킨 일이라면 분명히 이유가 있을 것이라고 생각하셨

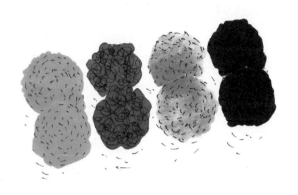

을 거야. 나는 내가 경단을 만드는 특별한 재능을 갖고 있다는 사실과 내가 좋아하는 가정선생님께 전폭적인 인정을 받는다는 것, 그리고 가끔 아주 완고하고 독선적인 교장선생님이 가는 눈을 초승달처럼 동글게 구부리며 나를 향해 웃어주고 칭찬해주는 것이 정말 좋았어.

하지만 무엇보다 날 가사실습실로 달려가도록 만든 것은 경단을 만들고, 청소를 한 뒤에 오는 보상이었어! 자취생 형편에 군것질을 한다는 것은 사치였거든. 만들다 찌그러진 경단은 모두 우리 차지였는데, 팥 앙금의 달콤함과 카스텔라 고물의 달콤함이 내 두뇌 속 쾌락 도파민을 미쳐 날뛰게 했던 거야. 경단을 먹을 수 없는 대청소 시간조차도 즐거웠던 것은 아마도 가사실습실 자체가 경단과 카스텔라를 얻어먹은 즐거운 기억을 연상시켰기 때문이었던 것 같아. 엄마, 아버지가 계신 금산 쪽 식장산 꼭대기를 멀리서 바라보는 것만으로도 마음에 위안이 찾아왔던 것도 어쩌면 그런 것이 아니었을까? 그래서 아무 일도 없었냐고? 응! 일종의 교육과 휴식의 시간? 교장선생님이 가정선생님한테 경단 작다고 욕한 것 빼고.

Big lesson 우리 뇌 회로를 재구조화하는 교활한 유혹

데이비드 T 코트라이트는 그의 책 〈중독의 시대〉에서 변연계 자본주의를 이야기한다. 그에 따르면 변연계 자본주의란 제품을 사용할 때마다 우리 뇌에 강력한 쾌락과 보상을 주어 습관적으로 사용하게 만드는 제품을 설계, 생산, 마케팅해서 전 세계로 보급하는 비즈니스 사업 체제를 말한다. 미국 사회를 뒤흔든 마약성 진통제 오피오이드, 지방, 설탕, 소금으로 뒤범벅된 패스트푸드, 도박의 도시 라스베이거스, 인터넷, SNS와 게임은 중독적인 변연계 자본주의의가 대세인 현대 세계를 대변한다. 이미 중독적인 변연계 자본주의는 스마트폰 하나로 우리 일상을 점령했다. 우리가 새로운 디지털 메타버스 시대에 중독이란 문제에 깨어있어야 하는 이유다. 쾌락이 감각뿐 아니라 기대와 관련되고, 섭취뿐 아니라 연상과 관련된다는 미국 약물남용 및 남용협회(NIDA)의 노라 볼코(Nora Vilkow)의 주장은 물질과 행동중독이 디지털 메타버스 세대들에게 어떤 중독적 영향을 미치게 될지를 가늠하게 한다.

갈망은 쾌락보다 더 절실하고 집요하다. 생존을 위한 생식이 아닌 쾌락을 위한 생식은 강박적인 중독이 되면 성범죄는 물론 N번방 아이들처럼 조직적인 강탈과 사기와 같은 강력한 범죄를 양산하기도 한다. 그래서 중독이 유사한 뇌 구조 변화, 유사한 내성 패턴, 유사한 갈망, 도취, 금단현상을 일으킨다는

데이비드 T 코트라이트의 주장은 메타버스 시대에 중요한 이슈를 던져준다

변연계 자본주의는 인간의 습관적인 도파민 자극 쾌락을 발견하면서 발전하기 시작했다. 다국적 대기업으로 성장한 쾌락 제조업자들은 정부나 범죄조직과 공모하여 술, 담배, 마약, 도박, 음식, 인터넷 심지어 포르노까지 인간을 유혹하는 온갖 형태의 도파민 보상을 대량생산하며 소비자 접근성을 키워왔고 우리 사회에 중독의 문제를 이슈화하고 있다. 기존의 규범이나 도덕체계에 의해 내려온 '생각중독'도 중요한 문제이지만 물질이 우선되는 현대 세계에서의 물질 중독의 문제는 '중독적 사고'의 병증을 더하는 현대사회의 중대한 문제다. 또한 인터넷이라는 매개체를 통해 중독적인 상품들은 더 쉽고 많이 팔린다.

도파민과 변연계의 습관의 뇌를 통해 의도적으로 우리 뇌 회로를 재구조화하는 중독자본주의 기업들의 교활한 유혹을 어떻게 이겨낼 수 있을까? 이제 중독의 문제는 담배 피는 아이들의 흡연예방교육을 위한 단순한 문제도 아니고, 알코올중독자나 마약중독자들의 횡포와 가정폭력을 막아내는 정도의 문제가

아니다. 중독의 문제는 개인을 넘어서 사회 구조적 문제로 접근해야 하고 알코올중독 옆집 아저씨와 게임중독 옆집 아이의 문제가 아니라 오늘 새벽 쿠팡으로부터 밀키트를 배달받은 우리 집 식탁의 문제부터 접근해야 한다. 남의 일이 아닌 바로 나의 일, 내 생명과 내 아이 생명의 문제인 것이다. 음식과 교육은 무조건 미래 인류 생존의 문제임에 깨어 있어야 한다.

아마존은 홀푸드마켓(인공 첨가제가 포함되지 않은 유기농 식품을 전문적으로 판매하는 미국의 슈퍼마켓 체인점), 아마존프레시(아마존 자체 트럭으로 달걀, 딸기, 채소 등과 같은 신선 식품을 직접 배송해주는 서비스)는 물론 헬스, 제약, 식품배달 앱까지, 푸드테크 IT서비스산업계를 거의 독점하고 있다. 독점도 무서운데 식품독점은 더 무섭다. 심지어 아마존은 생체인식 기술을 도입해 고객이 계산대를 거치지 않고 매장을 나갈 수 있는 JWO 기술을 개발하고, 타사와 협력하여 자사의 IT서비스를 확장해가고 있다. 강아지, 고양이 등 동물을 길들이는 것이 바로 먹이다. 사람은 다를까? 아마존이 책과 식품에 집중하고 있다는 것은 인간의 정신과 신체를 모두 통제해서 자본화하겠다는 것이다. 이와 동시에 인간 자체를 돈벌이의 수단으로 대상화하고 있다는 점에서 비인간적이다. 아마존의 전자책 킨들(Kindle)은 인간의 창조력과 행복에 얼마나 깊은 영향을 미쳤을까? 비건을 위한 대체육 생산은 국민 건강증진에 도움이 되었나? 육류를 소비하지 않는 사람들이 왜 채소로 만든 대체육을 욕망할까? 식감은 결국 혀끝의 도파민 쾌락 감각일 뿐이다. 만약 동물을 사랑하거나 지구환경을 위해 비건이 되었다면 혀끝의 도파민 감각까지도 온전히 육감적 욕망을 끊어야 하는 것은 아닐까? 비건의 취향을 논하는 것이 아니라 자연스럽지 않은 음식이 비건을 타켓으로 하여 식료품으로 제조되고 판매되는 것의 문제를 제기하는 것이다. 오히려 적게 먹거나 먹지 않는 것이 답이 아닐까? 인공적인 식품 가공 산업 또한 판매를 위한 인공일 뿐, 자연이 아니다. 자연스러움은 자연과 비슷함이지 자연이 아님과 같다.

푸드테크뿐만 아니라 에듀테크도 마찬가지다. 음식과 식품 산업을 구분해서 생각해야 하듯이 교육과 교육산업도 구분해야 한다. 음식과 교육은 중독적이어서는 안 되지만, 식품산업과 교육산업은 중독적인 반복 소비로 돈을 번다는 공통점이 있다. 불패 산업 중 하나가 생존과 종족 번식을 기반한 먹거리와 교육산업 아니던가? 코로나로 인한 바이러스의 위험에도 불구하고, 더불어 코로나로 경제가 어려워졌음에도 불구하고 사설 학원이 문전성시를 이룬다. 에듀테크 학습지의 새로운 전성기이다.

식품과 교육, 먹고 생각하는 것은 결국 인간 삶과 생존과 직결되어 있다. 그런데 이 둘을 모두 IT기업들이 장악하고 있다는 것은 소비자의 몸과 마음 모두를 통제할 수 있는 실로 무서운 일이다. 빅브라더는 악마의 탈을 쓰지 않고 과학기술의 지성을 지닌 신사로 다가와 인간의 영육을 모두 강탈해갈 수 있다. 이제 우리는 인간으로서 존중받는 삶이 아니라 소비자로 규정되며 그들 시스템의 한 부속물로 취급받는 시대가 도래할지도 모른다. 편리하게 사육되는 삶을 경계해야 한다. 그래서 더욱 끊임없이 질문해야 한다. 편안한 삶이 좋은 것인가? 간편한 삶이 행복한 것인가?

코로나 이후 전염병에 대한 불안과 두려움은 사람들의 의식을 점령했다. 빈곤과 병과 멸시의 고통이 크다는 것을 아는 부모들은 아이들의 입신양명을 목표로 오히려 코로나 시기에 아이들을 학원에 더 많이 보낸다. 그러나 부모가 그런 중독적 사고를 증폭시켜 불행에 대한 불안에 사로잡히면, 아이들은 금새 부모의 불안에 중독된다. 오히려 불행이 곧 착각임을 깨칠 때 축복으로 바뀌면서 아이들의 태도 또한 의연해진다. 부처님의 말씀처럼 세상 모든 분별과 고통과 외로움이 모두 착각임을 알고 '한 생각'을 바꿔서 관점만 바꾼다면 나에게 오는 모든 삶의 과정들이 행복이고 감사고 즐거움이 된다. 일상이 행복이고 감사고 즐거움인 사람에게 도파민은 중독이 아닌 삶의 에너지와 활력으로 작동한다.

붓다의 말씀처럼 내가 없는 무아의 경지는 내가 없기 때문에 내가 주장할 것이 없고 또한 분별할 것이 없어진다. 옳고 그름, 좋고 나쁨의 경계가 허물어진 생각이 기반이 된다면 우리 마음의 불안은 설 자리가 없고 중독 또한 사라진다. 무엇보다 현재에 만족한 삶 자체가 충만한 삶임을 알아야 한다. '여기 있는데 없다'는 생각이, '먹어도 배고프다'는 생각이 강박적 집착 행동으로 중독을 불러일으킨다.

우리는 모두 스스로 그냥 온전한 존재들이지만, 볼 수 있고 들을 수 있는 직관적이고 통찰적인 영적인 존재들이지만, 마음의 분별에 가려서 스스로 알 수 있는 것도 가리고 불안해한다. 심지어 알고자 하는 것을 알지 못하면 급격한 불안과 공황장애가 쌓이게 되고 그런 강박적 불안으로부터의 도피를 위해 이 사람 저 사람, 이 절 저 절로, 의존할 곳(것)을 찾아 헤매며 현실을 도피한다. 그러나 아이들 스스로 직관적으로 통찰적으로 안다면 교육은 달라진다. 그래서 아이들 스스로 선택하고 결정하며 깨우치도록 안내하는 지혜의 교육이 필요하다. 단순히 마음을 고요히 내리는 명상교육이 아닌 자신을 보는 깨친 자로 성장하는 수행으로서의 교육이 다시 집중 논의되고 가정과 학교에서 실천되어야 한다.

중독자본주의와 정치권력의 목표는 돈이지 인간이 아님에 지금 당장 깨어있어야 한다.

중독 깨기 lesson 5. 현실도피를 위한 쇼핑중독으로부터 자신을 보호하는 법

1. 신용카드는 집에 두고 지하철을 타고 스마트폰에 저장된 페이도 지워라.
2. 현금 인출 통장의 잔고를 남편이나 아내, 또는 자녀나 친구 통장으로 모두 이체하라(하하하).
3. 윈도우 쇼핑이나 인터넷 서핑을 하지 않고 일찍 자고 일찍 일어난다(컴퓨터와 스마트폰 밧데리는 항상 10분 이내에 소진될 만큼만 충전한다. 아니면 초창기 핸드폰 모델로 교체한다).
4. 젊은 마담이 흰옷을 입고 나왔다고 따라 사지 말고, 흰 장갑을 끼고 나왔다고 따라 사지 말며 당신이 흰옷과 흰 장갑을 반드시 사야만 하는 이유를 쉬지 않고 10가지 쓸 수 있다면 그때 구매하라.
5. 상품광고를 피해 아마존 숲으로 들어가라.
6. 쇼핑센터에 가족들과 장을 보러 갔을 때는 쇼핑 전에 갤러리를 들르거나 식사를 먼저 하거나 문화센터에서 교육 강좌를 먼저 들은 뒤 "굿바이 굿바이" 클로징 뮤직이 쏟아져 나올 즈음 쇼핑을 시작하라.
7. 자신의 쇼핑 문제를 누군가와 이야기하며 그와 자신의 쇼핑 패턴을 비교하고 분석하라.

쇼핑중독은 기분 나쁜 '현실을 회피'하기 위해 강박적이고 중독적인 쇼핑, 과소비, 충동구매 등 병적으로 과장된 욕구를 의미하며 현실 도피적 쇼핑중독자들은 심지어 감당할 수 없는 청구서까지 스릴로 인식한다.

쇼핑중독자들은 물건 사는 행위를 통해 판타지를 느끼고 체내에서는 아드레날린 호르몬이 폭발한다.

젊은 마담이 메타버스 세대 아바타들처럼 패션 쇼핑에 집중할 경우 쇼핑 행위의 발생 요인, 반응 및 결과에 어떤 감정 필터와 욕망으로 집착하며 중독 행동을 하는지를 확인해봐야 한다. 쇼핑중독으로 자신의 기분 나쁜 현실을 회피하는 사람 중에는 의복에 집착하는 사람들이 많다. 상담 학생 중 하나는 고등학교 2학년 남학생으로, 부모님이 두 분 다 의사인데, 자신은 공부도 못하고 키도 작다며 열등한 자신을 방어하고 부풀리기 위한 방법으로 명품 옷과 신발을 사서 입고 다녔다. 적은 이익으로 부자가 되라 하신 부처님의 말씀은 다른 뜻도 있겠으나, '미진(微塵)이 세계요, 세계가 미진'임을 아는 지혜로운 자들은 물질에 집착하거나 물질로서 자신을 포장할 필요가 없으니 적게 가져도 충만한 풍요를 느끼지만, 자신의 욕망에 눈이 어두워 수단과 방법을 가리지 않고 큰 부와 권력을 쥐고자 하는 미혹한 자들은 주가조작은 물론 부도덕한 방법으로 부자라는 목표를 선취해도 결핍과 허기를 느끼게 되는 것은 당연한 귀결이다.

몸은 마음의 거울이다. 팔을 휘휘 저으며 허우적대는 사람치고 발이 땅에 닿은 사람은 없다. 사람들 눈을 자신이 입은 옷과 색으로 속이고 있다고 생각하겠지만, 남을 흉내 내는 것과 자신의 스타일을 갖는 것은 하늘과 땅의 차이다. 돈으로 분장사와 옷을 사서 세계인들에게 사랑받은 재키나 햅번 스타일을 흉내 내는 것은 돈만 있으면 누구나 할 수 있는 일이다. 그러나 그들이 가진 삶의 품격있는 스토리까지 흉내낼 수는 없다. 그것은 재키와 햅번의 고유한 독자성이기 때문이다. 자신만의 스타일을 갖는다는 것은 이렇듯 철학의 문제요, 인성과 사람됨의 문제임에 깨어있어야 한다. 가짜에 미혹되지 않는 관점과 시각을 키우는 것이야말로 우리 아이들 미래교육의 핵심이자 현대사회의 윤리적 척도가 될 불법의 가르침이다. 법이 아닌 도덕성이 절실히 필요한 시절이다.

인연과보(因緣果報, 모든사물은 원인과 인연에 따라 항상 결과와 갚음(작용)이 일어난다)에 깨어있는 삶을 살아야 모두 연결되어 있는 이 세상에 유익한 존재로 살아갈 수 있다. 인연과보는 징벌이 아닌 우주적 법칙이며 과학이다. 야심과 목표가 성취되었다고 끝이 아님을 알아야 한다. 쾌락과 고통이 둘이 아니기 때문이다. 헌신적인 자리이타(自利利他)가 아닌 자신만의 이기적 심성에서 행해지는 메타버스 인형놀이는 열등감과 수치심, 피해의식에 기반한 중독적 사고의 현실도피일 수 있다. 역사는 그런 삶은 지속 가능하지 않음을 이미 말해주고 있다. 자신을 뒤돌아보아야 한다. 현실도 환각임을 알아 아만심(我慢心, 내가 있어야만 된다는 생각)과 자만심 가득한 자신을 성찰하고 참회하며 내려놓을 때 비로소 리더가 된다. 리더란 사치스런 쇼핑으로 명품을 휘감고 현실을 도피하는 쇼핑중독자가 아닌 지장보살님처럼 중생을 구제하기 위해 기꺼이 지옥불로 뛰어드는 보살행을 행하는 사람들임을 잊지 말자. 부처님은 깨친 의식으로 시체를 덮던 분소의 하나로 중생을 구원하셨다.

점심시간

Core lesson 자격지심과 합리화

어린 시절 나는 항상 우리 집이 부자라고 생각했다. 그리고 내게 제일 잘 어울리는 수식어가 '부잣집 막내딸'이라고도 확신했다. 하지만 뒷집 소영이 언니네 2층 양옥집을 부러워했고, 소영이 언니의 흰색 레이스 장식 원피스를 질투했다. 소영이 언니네 집만 빼고 생각하면 나는 항상 당당한 '부잣집 막내딸'이었지만, 그렇지 않은 경우엔 항상 소영이 언니가 '부잣집 딸'로 등극하며 나의 지위를 위태롭게 만들었다. 가끔 샘이 나기도 하고 내 존재가 아무것도 아닌 것 같아 우리 집 지붕 위에 몰래 올라가 할 일 없이 기왓장을 세기도 했다.

리처드 윌킨슨(Richard wilkinson)은 〈불평등 트라우마〉에서 부자와 가난한 사람의 소득 격차 자체보다 사회구성원들이 그로 인해 위계 경쟁과 불안에 얼마나 더 깊이 빠져드는가에 따라 그 사회의 풍요와 불안을 가늠할 수 있다고 했다. 윌킨슨의 말처럼 불평등과 비교는 불행의 시작임을 나는 이제야 비로소 깨닫게 된다. 나는 오로지 단독자임을 알고, 그 어떤 누구와도 비교하지 않고 스스로 충만한 존재 그 자체임을 인식하는 것이 중독적인 삶으로부터 자신을 보호함은 물론 괴로움이 없는 자유로운 사람으로 행복해지는 지름길이다.

한국은 사회경제적으로 풍요한 선진국으로 돌입하였으나 자살률은 높고, 출산율은 낮고, 정신 건강과 행복 수준도 낮다. 불평등한 사회의 풍요 속 마음의 가난이 낳은 자기 존중 불안이 큰 원인이라고 할 수 있다. 소득 격차가 벌어지면 그 사회는 불안사회로 전락하면서 존중 불안은 극대화된다. 한마디로 '무시'당하고 '왕따'가 될까 봐 두려움에 떠는 것이다. 가수 장기하의 "나는 부럽지가 않아"라는 노래 속에도 '너는 내가 100만 원을 가졌다고 부러워하겠지만, 나는 1000만 원을 가진 사람을 부러워해'라는 대목이 나온다. 그렇다면 그 둘

중 누가 더 행복하고 누가 더 불행할까? 장기하는 '자신도 잘 모르겠지만 아무튼 자신은 네가 어떤 자랑을 하든지 난 부럽지가 않다'고 노래한다.

행복이란 누군가 나를 부러워하지 않아도 스스로 만족하며 누군가 나에게 박수치지 않더라도 내가 존중받고 있다는 생각으로도 충만해지며 괴로움이 없는 상태가 되는 것이다. 그렇다면 불행이란 무엇일까? 그것은 밖으로부터 인정받기를 원하고 상대와 나를 비교하는 마음에서부터 비롯된다. 빈부의 격차라는 것 또한 환전가치의 소유를 객관적으로 비교해서 부자와 빈자를 나눌 수 있으나, 가난한 나를 무시하거나 비웃는 사람들의 평가를 내가 받아들이지 않고 내 규정대로, 내 개념대로, 내 스타일대로, 내 신념대로 살아가면서 장기하처럼 하나도 부럽지 않을 수 있다면 문제는 없다. 그러나 그러기엔 우린 너무 세상 사람들의 생각에 물들어있고 나는 명품을 너무나 사랑한다.

Object lesson 소고기 장조림 간장과 존중 불안

오늘도 마의 수요일은 오전 내내 나를 괴롭혔지만 그래도 드디어 점심시간은 오고야 말았어. 수업시간이 견뎌야 할 무엇이었다면 점심시간은 일종의 해방이자 일탈이며 선물이었지. 친구들과 악기도 두드리고 만화책도 보고 다른 반 친구한테 수업준비물도 빌리러 가고 할 일이 너무너무 많은 시간…. 그런데 오늘은 정말 하루종일 일이 꼬이나 봐! 아침에 도시락 반찬이 없어서 싸 온 소고기 장조림 국물이 책가방 아래 흥건하잖아? 간장에 젖은 교과서를 손걸레로 닦아내며 나는 생각했어.

'간장이라고 다 같은 간장이 아냐! 이건 비싼 소고기 장조림 간장이잖아? 집 간장을 싸 와서 엎지른 것보다는 훨씬 부티 나고 품격 있어 보일 거야! 아무 집이나 소고기 장조림 먹는 것 아니잖아? 이건 창피한 것이 아니라 자랑스러운 거야! 소고기 장조림 간장이야! 소고기 장조림 간장!'

이렇게 혼자 합리화하면서 수돗가에서 반찬 통의 간장을 씻어내고 다시 교실 자리로 돌아왔어. 도시락을 같이 먹겠다고 초등학교 친구들이 몰려와 있더라. 그래서 친구들 일곱 명이 서거나 앉아서 도시락을 열기 시작했는데, 내가 반찬 통을 열자마자 폭소가 터져 나왔어. 엄지손가락 반 토막만한 등심 근육이 약간의 살코기를 미니스커트처럼 두른 채 마치 검은 울릉도 밤바다에 떠 있는 죽도처럼 길게 누워 존재의 에너지를 발산하고 있었거든. 그 순간 내 기분이 어땠냐고? 차라리 물상선생님한테 '싸다구'를 맞은 순간이 훨씬 상쾌하고 유쾌했다고 말한다면 조금 설명이 될까? 물상시간엔 선생님이 무능하고 나쁜 사람이라 부당하게 맞았다고 나에게 유리하게 합리화하며 이야기를 꾸며낼 여지가 있었지만, 간장 반찬은 내가 아무리 우기고 합리화하고 감추려고 해도 시골 자취생의 적나라한 가난 이외엔 무엇도 설명해줄 수 없었어. 아이들의 웃음소리가 더 크게 들리고 쥐구멍에라도 들어가고 싶을 만큼 창피해서 죽을 것 같았어. 친구들이 간장이라고 나를 무시하고 있다는 생각이 들자 내 마음속에 억눌려 있던 온갖 종류의 잡것들, 부끄럽고 창피하다는 부정적 생각중독의 판도라 상자가 열린 것이지. 진짜 자존심이 상한다는 것이 아마도 이런 것일 거라고 생각했어. 난 부도덕한 일을 하지도 않았고, 나만 잘 먹고 잘살기 위해 남을 헤치지도 않았고, 아직 어린 학생으로 내 처지가 부끄러울 그 어떤 이유도 없었어. 그러나 도시락 반찬으로 간장을 싸 오는 가난한 자취생이라는 이유만으로도 부끄럽고, 그래서 다른 사람한테 비난받고 무시당할 것 같고, 그런 일은 창피한 일이고 초라한 일이라는 인류 역사상 최고의 인지 오류와 편견과 감정적 취약성은 물론 사실 왜곡까지 겹쳐지며 열등한 괴물로 변형되고 있었던 거야. 그런데 기특하게도 그때 내 머릿속에서 누군가 이렇게 속삭이는 것이 들리더라?

'소고기 장조림이잖아! 할머니 제삿날 선물 들어온 소고기를 부모님은 드시지도 않고 너하고 언니 객지에서 기죽지 말라고 만들어주신 귀한 반찬이잖아. 콩조림과 멸치볶음과 깻잎 반찬이라도 엄마가 정성을 다해서 만들어서 보내니 기죽지 말라고 늘 당부하셨잖아. 음식은 정성이 중요하다고 하셨잖아? 도시락 싸갈 밥이 있다는 것만으로도 항상 감사해야 한다고 하셨잖아? 친구는 높이 사귀고 나보다 어려운 주변 사람들을 도와주고 살피며 살아가라고 하셨잖아?'

갑자기 그 생각이 머릿속에 들어오자 간장반찬이 아이들의 웃음을 살 일이라면 진짜 아이들을 웃겨야겠다는 생각이 훅 들어오지 뭐야? 생각이 거기에 미치자 나는 고개를 발딱 들면서 자리에서 벌떡 일어났지. 그래서 뭘 했냐고? 만화 캔디가 그려진 은회색 양은 도시락 밥뚜껑을 열어서 숟가락 포크로 마치 꽹과리를 치듯 장단을 두들겨대며 아이들 주변을 빙빙 돌면서 각설이 타령을 부르기 시작했지.

"얼씨구씨구 들어간다, 절씨구씨구 들어간다. 작년에 왔던 각설이 죽지도 않고 또 왔네. 얼씨구씨구 들어간다 절씨구씨구 들어간다. 사모님

반찬 좀 나눠 줍쇼. 얼씨구씨구 들어간
다~~~."

아마도 그때부터였나? 말없이 연약
하고 온순하고 엷은 미소를 띤 채 하
얀 얼굴로 2층 집 난간에 서 있는 시
골 부잣집 딸이었다고 생각했던 내가
심각하게 나대는 ADHD 주의력 결핍
성격의 말괄량이로 변했던 것이… 아
니면 내 안의 말괄량이 양자가 폭발적으
로 늘어나면서 얼씨구씨구 춤추기 시작했
던 걸까? 초등학교 때까지 말도 없고 아이들
과 잘 놀지도 않던 내가 사람들 앞에 나서서 스
타의식을 발휘하기 시작했던 역사적 계기가 바로 사람들에게 무시당하
기 싫다는 자격지심과 존중 불안에 의해 촉발되었던 것! 바로 중독적 사
고의 '조작'이 시작된 거야!

Big lesson 우리 존재의 근원이 '불이'라면
상대의 무시는 내 마음이 만든 소설이다

우리는 타자로부터 무시당하는 것을 경계해서 명품이나 고
급 차와 큰 집 등으로 자신을 과대포장하며 방어를 위한 평범
한 삶을 살아간다. 여기에 알코올이나 약물과 같은 물질에 중

독되었을 경우에는 타자의 무시에 대한 존중 불안이 강박적으로 뇌에 각인되며 강박적 중독으로 진행되기도 한다. 중독자들이 자기 자신을 속이고 순간적으로 회복되었다고 하는 것은 대체로 조작된 거짓일 확률이 높다. 그렇게 믿고 싶은 것과 진짜 그런 것은 다르기 때문이다.

김태형은 〈풍요중독사회〉에서 혁명의 원인이 상대적 빈곤에서 발원한다는 것은 사람들이 못 먹고 배고픈 생존불안은 견딜 수 있지만, 타자에게 무시당하는 존중 불안은 참지 못한다는 것을 의미한다고 말한다. 절대적 빈곤보다 상대적 빈곤이 더 위험하다는 말은 다시 말하면 물질적 풍요보다 건강하고 따뜻한 관계가 더 중요하다는 것을 시사해준다.

놀부가 돈에 집착해서 제비 다리를 부러트린 것은 자신의 욕망이 큰 이유도 있겠으나 흥부처럼 가난해서 밥주걱으로 뺨 맞는 수모를 당하지 않기 위해, 무시당하고 존중받지 못할까 봐 부자가 되기 위해 제비 다리를 부러트린 것일 수도 있다. 가난하고 청렴결백한 것이 떳떳하고 자랑스러운 것이라는 풍조가 가득한 사회 속에서 나는 성장했다. 반공 이념과 봉사와 헌신이라는 국가 지배이데올로기의 테두리 안에서 해석된 〈흥부전〉만을 공부했다. 아마도 식민통치와 전쟁으로 가난한 사람이 대부분이었던 한국사회에서 〈흥부전〉은 배고픈 민중의 심리를 희망으로 통제하는 중요한 스토리 도구가 아니었을까?

흥부는 가난하고 아이가 많지만, 마음이 착해서 다리 다친 제비를 치료해주고 뜻밖에 박 씨를 얻어 부자가 되고, 이를 배아파한 놀부가 제비 다리를 고의로 부러뜨려 제비가 자신에게도 로또를 안겨주기를 원하지만, 날벼락만 맞았다는 이야기를 통해 내가 어려서 배운 교훈은 흥부는 가난하기 때문에 착하고 놀부는 부자라 나쁘다는 것이었다. 하지만 청렴결백한 활동과 재능을 발휘해서 부자로 살아갈 수도 있다. 그 이후 선생을 그만둔 50대 중반까지 나는 단 한 번도 부자를 꿈꾸어본 일은 없었다. 자본주의 사회에서 정말 불합리한 삶의 태도다. 하지만 자신의 부귀영화를 위한 목적만으로 다른 사람의 생명과 재산까지 치며 수단과 방법을 가리지 않는 부도덕한 사람들처럼 살 수는 없다. 이것은 무능력과 무기력의 문제가 아니라 삶의 태도의 문제다. 착하다고 가난을 방조하며 밥주걱으로 뺨을 맞는 수모와 무시를 견뎌야만 할까? 그것이 선한 걸까? 어쩌면 흥부처럼 가난한 사람은 착한 사람일 확률이 높고 행운을 잡을 수도 있다는 논리로 지금 당장 부자가 아닌 자신의 현재를 합리화하는 것은 아닐까? 아니면 가난한 백성들로 하여금 고관대작과 부자들에 대한 상대적 빈곤감을 상쇄시켜 지배를 공고히 하기 위한 전략은 아니었을까? 소고기가 있는 소고기 장조림은 떳떳하고 부자고 정상이고, 소고기가 없는 장조림 국물은 창피하고 가난하고 비정상적인 웃긴 것이라는 우리들의 잠재의식에는 '가난한 사람은 부자에게 무시당한다'는 피해의식과 자격지심이 담겨있다. 우린 모두 부자가 부럽고 부자가 되고 싶다.

소고기 장조림 간장 사건 이후 나는 점심시간마다 친구들을 거느리고 각설이 타령을 부르며 다른 반 교실을 돌면서 도시락 뚜껑에 반찬을 걷어 와서 밥을 먹었다. 친구들과 재미있게 놀면서 도시락을 먹는 것이라고 합리화했지만, 내 마음속에 콕 박힌 '무시당하는 것'에 대한 존중불안감이 매일매일 각설이 타령의 리듬을 타며 출렁거렸다.

마케팅 회사에서는 제품을 소비하도록 하기 위해 '호구를 위한 피싱(phishing for phools)' 스토리텔링을 사용하여 소비자를 설득하는데, 이때 존중불안감을 이용하여 우리 제품을 사야지 사람들에게 무시당하지 않는다는 심리적 전략을 이용한다. 이런 심리적 전략은 중독적 자본주의 사회에서 모든 사람을 설득시킨다. 청소년기 아이들부터 브랜드 신발과 옷을 입는 것은 물론 부모들의 명품백 사재기 등도 바로 이런 존재불안을 기반으로 한 마케팅 전략 중 하나로 볼 수 있다.

하지만 만약 있고 없음의 경계가 없다면? 가난과 부는 물론 선과 악에 대한 경계 또한 없어 이분법적인 흥부놀부 이야기 자체가 성립되지 않았을 것이다. 부처님 말씀처럼 우리는 모두 연결된 존재로 네가 있기에 내가 있고, 네가 없으면 나도 없다는 연기론은 현대 물리학의 놀라운 과학자 카를로 로벨리의 양자중력 이론에서도 사실로 증명되고 있다. 우린 서로 다른 듯하나 그 근원은 존재와의 관계에 의해 만들어진 존재들로 너와 나를 둘로 나눌 수 없다. 결국 '불이'인 것이다. 만약 우리 존재의 근원이 '불이'라면 상대가 나를 무시한다는 존중 불안감 따위는 감정 소모이자 내가 만들어낸 마음의 이야기밖엔 되지 않는다. 내 마음이 만들어낸 심약한 이야기에 사로잡혀 끊임없이 자신을 강화할 대체물을 찾아 강박적으로 집착하다 보면 나는 무시당한다는 중독적 사고 자체가 자기 자신을 학대하고 몸과 마음을 꽁꽁 동여매며 자신만의 우물 안에 갇힌 소인배가 되어가기 마련이다. 설령 우리가 둘이 아닌 모두 하나로 연결된 존재라는 우주적 근원론을 알지 못한다고 하더라도, 눈으로 보이는 다름으로 타자와 나를 구분하여 생각한다 할지라도 차이와 다름을 인정하면서 서로를 존중하고 존경하는 삶의 태도를 교육한다면 상대적 빈곤에서 오는 존중 불안은 겪지 않아도 될 것이다.

그와 더불어 누군가 나를 무시한다는 감정적 대응으로 중독적인 삶에 빠져 파멸에 이르는 일은 없을 것이다. 그뿐만이 아니라 있고 없음의 경계를 의식적으로 무너트리고 부처님처럼 생존의 최소 조건에 충족하며 혀의 도파민적 탐욕이 아닌 생존을 위한 먹기를 추구한다면, 부자와 가난한 자의 경계도 없어지고, 소고기 장조림과 소고기 장조림 간장의 경계 또한 사라져 단지 밥반찬이라는 동질성만을 인정받게 될지도 모른다. 그것은 고무신도 신발이고 나이키도 신발이라는 논리와도 다를 바 없는 경계다.

그러나 디지털 메타버스 시대에는 고무신과 나이키 운동화에 대한 쓰임이 단순히 '신발'로써 규정되지 않고, 클론X처럼 디지털 이미지 파일 NFT 상품으로서 투자 가치와 소장가치를 높이는 중독자본주의 상품화 전략이 다시 추가된다. 한마디로 인간의 자기 과시적 욕망으로부터 자유로운 '깨어남의 교육'을 꾸준히 수련해가는 것만이 중독적 자본주의 사회에서 가난하지 않은 자로, 존중 불안에 시달리며 상품의 브랜드 가치를 자신의 가치로 착각하며 휘둘리지 않는 자존적 존재로서 살아갈 수 있다.

아이들의 교육이 현대사회를 대비하여 '수행'으로 바뀌어야 한다는 것도 바로 이런 논리에 근거한다. 소고기 장조림 간장이 아니라 소금물이라 해도 존재 자체로 떳떳하고 당당한 든든한 인품과 격조 높은 인격의 아이들을 키워나가는 그런 교육, 그리고 그런 가치를 공유하는 사람들이 연대하는 현대사회를 만들어 가야 한다.

중독 깨기 lesson 6. 새벽 Tea톡과 108배 수행으로
자격지심 OUT! 자존감 UP!

옛날 인도에 출리반트카라는 바보가 있었다. 그는 형과 함께 출가하여 깨달음을 얻고 싶었으나 너무나 바보였기에 형에게 승원 문밖으로 쫓겨나 붓다의 가르침이 있기를 기다리면서 길가 작은 집에 풀이 죽은 채 가만히 서 있었다. 이때 붓다는 출리반트카 비구의 손을 잡고 승원으로 들어가 발 닦는 수건을 건네주며 "이 청정한 물건에 생각을 집중시켜 마음을 가다듬어 보게"라고 하셨다. 출리반트카는 붓다의 말씀을 음미하며 마음을 하나로 모아 승원의 먼지를 털고 닦아내는 걸레질을 통해 명지(明智, 밝고 현명한 지혜)를 터득하여 붓다의 가르침은 실현되었다. 내가 바보고 못났다는 자격지심으로 풀이 죽은 채 포기하는 것은 결국 자기 자신을 학대하고 공격하는 행위다. 이를 극복하기 위해서는 문제의 본질을 꿰뚫어 전모를 알고, 원인이 있으면 반드시 결과가 있음을 깨달아야 한다. 경계에 끄달리지 말고 또렷하게 깨어 매일 새벽 108배와 계정혜 삼학(불도에 들어가는 세 가지 요체(要諦). 계(戒)는 나쁜 짓을 하지 않는 것, 정(定)은 산란한 마음을 안정되도록 하는 것, 혜(慧)는 진리를 깨닫는 것을 말한다)을 닦아나가는 수행으로서의 일상을 꾸준히 연습하는 것만으로도 삶의 변화는 온다.

새벽 Tea톡 마음 나눔 수행 따라잡기
1. 새벽4시 발딱 일어나기.
2. 봉걸레 빨아서 조용히 방 닦기.

3. 새벽 Tea톡 마음 나눔 자료 책 읽고 요약 정리하기.

4. 새벽 Tea톡 마음 나눔 녹음 및 편집해서 유튜브와 sns에 올리기.

5. 새벽기도 108배 기도하러 가기.

참회기도(정토회)

화나고, 짜증나고, 미워하고 원망하는 이 모든 것은 밖으로 살피면 상대가 잘못해서 생긴 괴로움인 것 같지만, 안으로 살피면 '내가 옳다'는 자기 생각에 사로잡혀 일어난 것이므로 모든 법에는 본래 옳고 그름이 없음을 깨달아 '내가 옳다'는 한 생각을 내려놓을 때 모든 괴로움은 사라지고 온갖 업장은 녹아나는 것이다. (중략)

수행문(정토회)

언제 어디에서 일어난 어떤 괴로움일지라도 안으로 살펴보면 그 모든 괴로움의 뿌리가 다 마음 가운데 있고 그 마음의 실체가 본래 공한 줄 알면 모든 괴로움은 저절로 사라진다. (중략)

6. 108배 기도 마치고 도반들과 커피 한잔으로 성찰적 나누기하기.

7. 아침 걷기 명상 40분.

5교시

음악시간

Core lesson 질투와 죄책감

〈신곡〉에서 단테는 연옥을 지나며 '질투'의 죄를 지은 자들이 아무것도 보지 못하는 벌을 받고 있는 것을 목격한다. 탈무드도 질투하는 사람들에 대해 이렇게 경계하고 있다.

"질투는 천 개의 눈을 가지고 있다. 그러나 한 가지도 보지 못한다."

모차르트가 오스트리아의 빈에 진출했을 때 살리에리는 이미 유명한 궁정음악가이자 교육자였으나, 모차르트의 천재성을 시기하여 모차르트의 불행이 곧 자신의 행복 같은 쾌감을 느낀다. 한마디로 타인의 불행이 곧 나의 행복!

중독자들은 살리에리처럼 열등감과 질투라는 '생각중독'으로부터 비롯된 강박적인 '중독적 사고'가 작동하며 범죄자처럼 죄책감을 느끼기도 하는데 이를 해소하기 위해 상대에게 용서를 구하거나 다수와 함께 상대를 희생양으로 만들어 폭력을 지속하는 '왕따' 현상이 나타나기도 한다. 그리고 공범의 수가 늘어날수록 죄책감은 줄어들면서 자기합리화의 이기적 행동을 강박적으로 반복하기도 한다. 그런데 이런 질투와 죄책감과 합리화 등의 심리기제가 현실 세계에서만 벌어지는 것이 아니라 디지털 메타버스 내에서도 일어나는 심리현상이라는 점이더 위험하다. 현실세계에서는 만나서 서로 이해될 때까지 이야기하고 설득하는 과정을 통해 툭툭 털어낼 수도 있지만, 디지

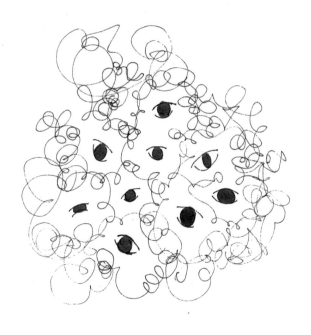

털 메타버스 내에서 감정의 소통은 한계가 있다. 먼저 무엇보다 디지털 화면으로는 인간의 감정이 전달되지 않는다는 뇌과학자들의 연구에 귀 기울일 필요가 있다. 줌과 구글미트를 통해 이야기를 나누면, 지식 전달이나 메시지 전달은 가능하나 감정은 나눌 수 없다. 그런데 죄책감과 질투 등은 모두 감정의 문제인지라 소통의 한계가 분명히 존재할 수밖에 없다. 그래서 더욱 메타버스 시대의 중독은 중요한 관점으로 다뤄져야하고 중독예방은 물론 중독 회복을 위한 노력을 국가 차원에서 기울여야 한다. 기업의 경제 활동을 지원하는 것이 국가의 일이기도 하지만 그들의 독주를 견제하고 국민의 개별적 행복과 자유를 위한 시스템을 구축하는 것은 더욱 중요한 국가의 책무다. 교육정책의 새로운 방향설정과 국가 보건의 새로운 방향에 대해 숙고해야 할 시점이다.

중독 회복의 필수조건

1. 중독자는 그들의 이성적 추리능력에 대한 믿음을 없애고 밑바닥 경험을 통해 자신의 태도와 행동을 숙고하며 지나친 자기 확신을 버려야 한다.
2. 중독자가 신뢰하는 사람을 통해 중독자가 인식하는 것과 다른 또 하나의 현실이 존재한다는 것을 인식하게 해주어야 한다.

Object lesson 샤덴프로이데(schadenfreude), 친구의 불행은 내 행복

내가 중학교에 올라오자마자 합창반으로 뽑힌 것은 우연이 아니야! 초등학교 최강 합창반인 선화초 6학년 8반 출신 아이들 12명을 홍콩샘이 먼저 선발한 거지. 홍콩샘은 우리 학교 음악선생님이었는데, 홍씨 성인데 킹콩을 닮아서 홍킹콩이라고 별명을 붙였다가 홍콩 이야기를 워낙 많이 해서 우리가 그냥 홍콩선생님이라고 불렀어. 진실을 말하자면 아이들은 그냥 "홍콩 온다!"라고 말했지. 흰머리가 섞인 곱슬머리에 키는 작고 얼굴은 반듯하게 네모진데 기름기가 흐르면서 작은 눈과 붉은 입술은 항상 땀에 젖은 듯 축축하게 늘어져 있는 느낌이었어. 성악을 전공하셨다는데 목소리는 그야말로 버터와 마가린 세 통을 섞어 발라 성대를 다듬은 듯 억양과 톤 모두 느끼하기 그지없었고 수업이나 합창 연습할 때 "너 홍콩 가고 싶니?"라며 능글거리는 웃음으로 혼자 얼굴이 빨개질 땐 너무나 역겨워서 진짜 화내고 싶었다니까. 나만 그렇게 느낀 것이 아니라 친구들 대부분이 그렇다고 했어. 그런데 우리 반에 좀 다른 친구가 하나 있었어.

현아는 우리가 "음악선생님이 너를 이뻐하고 좋아하는 것 같다"고 말하면 홍옥처럼 빨갛게 얼굴을 붉히며 진짜 어쩔 줄 몰라 했거든. 현숙이도 다른 학교 합창반 출신이었는데, 큰 키에 얼굴과 몸매 라인이 모두 가느다란 친구였어. 현숙이는 항상 배가 아프다며 교복 상의 주머니에 양손을 넣고 허리를 졸라매듯 배를 움켜쥐고 다녔는데 어느 날 음악수업을 하러 우리 교실로 오던 홍콩샘이 복도에서 만난 현숙이에게 허리가 날씬해서 예쁘다면서 뒤에서 슬쩍 허리를 안고 우리 교실까지 걸어왔다는 거야. 교실로 들어선 현숙이 얼굴은 홍도가 아닌 홍시처럼 떨어지기 직전의 위태로움으로 안절부절못했고, 홍콩샘은 정체불명의 느끼한 미소로 그냥 오랫동안 교탁 앞에 서 있다가 리코더 시험을 보겠다면서 수업의 포문을 열었어. 수업이 끝나자 애들은 현숙이가 자신보다 리코더 연주 틀린 곳이 더 많은데도 불구하고 A플러스를 받았다며 홍콩샘 뒷담화에 침을 튀겼지.

현숙이가 예쁘고 매력이 넘치는 것은 부정할 수 없는 사실이었어. 애들이 현숙이를 질투하고 있다는 것은 분명했는데, 홍콩샘의 사랑을 받아서가 아니라 현숙이가 예쁘기 때문에 사랑받는다는 데 질투의 포인트가 있었어. 그런데 이상하지? 언제부터인가 아이들 사이에 교복 상의 포켓에 양손을 찌르고 허리를 움켜잡아 조이고 다니는 유행이 생겼다는 것을 눈치챘거든. 아무튼 수업이 끝나고 주번 구령에 맞춰 차렷 경례를 마치자 홍콩샘이 말씀하셨어.

"오늘 선생님 숙직인데, 집에 가서 선생님 저녁 도시락 싸 올 사람?"

영선이가 손을 들었고, 영미도 함께 가겠다고 했어. 숙직은 선생님들이 돌아가면서 밤에 학교를 지키는 일인데, 선생님들이 잠자는 방이 따로 있고, 그곳에서 매일 순번을 정해서 학교 순찰을 하고 아침에 학교 문을 여는 업무를 하는 것이었지. 지금은 전담자가 있어서 숙직제도가 사라졌지만 1979년 당시엔 달랐어.

선생님이 복도로 나갔나 했더니 다시 우리 교실 뒷문을 열고 말씀하셨어.

"영미야! 넌 맥주 한 병 가져오고, 현숙인 새로 나온 소시지 큰 걸로 하나 엄마한테 사달라고 해서 가져와! 합창대회도 며칠 남지 않았으니 선생님하고 숙직실에서 발성 연습한다고 말씀드려."

내가 숙직실로 아이들과 함께 간 것은 우연이었어. 영선이 엄마가 찬합 무겁다고 영선이와 함께 들고 가라고 하셨거든. 영선이와 함께 영미네 집에 들러서 영미 엄마가 사주신 맥주를 가지고 홍콩샘이 계신 숙직실로 갔는데 현숙이가 먼저 와 있더라? 선생님은 숟가락으로 맥주병을 따며 오프너를 챙겨오지 않았다고 영미에게 핀잔을 주며 컵에 술을 따르라고 하더니 현숙이가 사 온 커다란 분홍색 밀가루 소시지의 주황색 껍질을 벗겨서 두 손으로 쥐고 우리 앞으로 내밀어 앞뒤로 흔들거리면서 이렇게 말했어.

"얘들아! 이게 뭐 같니? 홍콩 가고 싶어?"

뭐래? 왜 맨날 홍콩 가고 싶냐고 물어 보냐구? 아무리 잘 쓰려고 해도

문자는 그 느끼한 홍콩샘의 표
정과 말투의 뉘앙스를 그대로
다 표현하는 데 한계가 있다
니까. 사진이라도 찍어두면 좋았
을걸. 어쨌든 선생님은 그 커다란 소시
지를 통째로 입으로 베어 먹으며 맥주를 연
거푸 3병쯤 마셨고 얼굴이 뻘게진 채로 현숙이
는 허리가 가늘어서 미인이고 은형인 사내아이 같고 영선인 몸매가 통
나무 같고 영미는 애교가 없다며 무슨 미인대회 심사위원처럼 평을 늘어
놓더라고. 우린 선생님이 술이 취했다고 생각하고 너무 깜깜해지기 전에
집에 가야 한다며 숙직실을 나오는데, 홍콩샘이 현숙이 쪽으로 넘어지며
현숙이를 와락 안고 말았어. 현숙이의 비명 소리와 홍콩샘의 분명하지
않은 웃음소리가 어둠이 내린 학교를 묘한 긴장감과 소름 끼치는 느낌
으로 덮었지만, 우린 한편으론 고소했지. 선생님한테 사랑을 독차지하는
친구의 불행이 나의 행복이랄까?

현숙이에게 본의 아니게 넘어져서 미안하다며 다친 데 없느냐고 현숙
이 등을 연신 쓸어내리던 선생님의 인사를 뒤로하고 우린 모두 집으로
향했어. 현숙이가 좀 절룩거리더라고. 하지만 우린 집으로 돌아오는 길
에 선생님과 현숙이가 넘어지던 상황을 계속 리바이벌하면서 깔깔대며
고소해 했지. 물론 홍콩샘은 추남에 추한 느낌까지 강력하게 풍겨오는
사람이었지만, 그래도 선생님한테 칭찬받고 인정받는 자체가 최고의 자
랑거리였던 시절이었기에 아이들은 편애받는 아이들 모두를 질투하며
샘을 부렸지.

그런데 다음 월요일 날 현숙이가 결석했어. 알고 보니 홍콩샘이 키는 작아도 몸이 뚱뚱했던 편이라 현숙이 쪽으로 넘어지면서 현숙이 발이 부러졌다고 했어. 현숙이가 비명을 지른 것도 이유가 있었던 거지. 그런데 친구들과 나는 현숙이가 다리를 다친 것도 모르고 고소해 하며 수다만 떨어댔으니…. 괜시리 현숙이에게 미안한 마음이 일었어. 하지만 나만 흉 본 것도 아니잖아? 죄책감 가질 필요 없다고 그렇게 스스로를 타이르며 합리화했지만, 죄책감이 완전히 사라진 것은 아니었어. 마치 우리가 현숙이를 질투하고 흉봐서 다친 것 같았지. 그런데 현숙이가 한 달쯤 뒤에 학교로 돌아왔을 때는 다른 반 경숙이가 홍콩샘의 사랑을 독차지해버렸고 매번 숙직실에 맥주를 사 갔다 나 봐. 현숙이의 전성시대는 가고 경숙이의 시대가 도래한 거지. 하지만 우리는 하나도 부럽지 않았어. 홍콩샘이 더욱 추하고 느끼한 사람으로 변해가고 있었거든.

Big lesson 무주상보시의 마음으로 잘 쓰이며 스스로의 마음을 충만하게 채운다

우리는 다른 사람들이 보여주는 칭찬과 인정, 또 그들이 주는 좋은 학생, 좋은 사람, 좋은 친구, 좋은 부모, 좋은 직원 등의 평가에 의존하며 중독된 의식으로 살아간다. 그러다 보니 상대가 원하는 삶을 살며 칭찬받기 위해 진짜 자신이 원하는 삶이나 부정하고 싶은 일에 'NO'와 'STOP'을 하지 못한다. 그러나 다른 사람에게 통제당하는 노예적이고 중독적인 삶을 살지 않으려면 모두의 삶을 풍요롭게 하기 위해 잘 쓰이겠다는 생각으로 결과에 집착하지 않고 아무런 대가를 기대하지 않는 무주상보시의 마음이 필요하다. 스스로 행하면 마음이 충만해진다. 그것은 누군가의 감사와 인정을 받아서 얻는 기쁨과는 비교할 수 없는 것이다.

만약 우리가 아이들을 디지털시스템 중독과 같은 다양한 악덕의 고리로부터 보호하고 싶다면, 스스로의 삶을 독자적으로 헤쳐가면서도 바라는 마음 없이 함께 돕고 성장하는 교육을 교육과정에 담아야 한다. 그뿐 아니라 부모가 먼저 집에서부터 아이들과 함께 수행적 삶의 태도와 자세를 일상생활 속 홈스쿨링으로 키워줘야 한다. 청소년들은 어른들보다 더 쉽게 물드는 특징이 있기에 청소년기의 중독예방교육은 무엇보다 중요한데 집에서부터 부모들이 홈스쿨링으로 아이들을 중독적 삶으로부터 보호할 수 있다. 특히 중독성 사고는 중독환자 스스로가 혼자서 밝힐 수 있는 것이 아니라 반드시 중독자의 외부자인 가족들의 관심과 격려가 매우 중요하다.

홈스쿨링을 통한 청소년 중독예방 지침

1. 인생의 궁극적 목표를 설정하도록 부모가 아이와 함께 밥상머리와 차 마시는 시간을 통해 대화를 꾸준히 이어가며 아이 스스로 다양한 사유를 펼치도록 도와준다. 목표지향적인 삶의 태도를 만들어주는 것이 목표이지, 무엇이 되겠다는 명확한 목표를 지향하지 않아도 된다.

2. 기다림에 대한 참을성을 기른다. 마시멜로의 법칙처럼 아이들이 즉 각적인 보상에 반응하도록 하는 것이 아니라 보상 지연을 참고 기 다릴 수 있는 인내력을 키워준다. 집안일하고 용돈 받기 등등 시스 템을 만들어 진행할 수 있고 가족들이 모두 올 때까지 기다려서 식 사하기 등도 좋은 교육프로그램이다.

홍콩샘은 지금 생각해보면 심리조작의 대가였다. 즉각보상 과 무시라는 두 가지 심리기제를 이용해서 아이들이 선생님의 칭찬을 갈망하게 만들었고, 그것으로 아이들의 심리를 조종했 다. 선생님이 매력적인 외모와 존경할만한 인품을 가지고 있어 서가 아니라, 교사라는 위치 자체가 아이들에겐 선망이 됨은 물론 학생 수가 워낙 많다 보니 아이들이 교사들의 인정욕구 에 목말라한다는 사실을 누구보다 잘 알고 있었던 것이다. 우 리는 선생님들은 하느님과 같고 그런 선생님들의 사랑을 독차 지하는 아이는 행운이라는 분위기가 만들어지며 질투하고 시 샘하며 뒤로 흉보고 죄의식까지 느끼는 중독적 사고에 빠지고 말았던 것이다. 지금 돌이켜 생각해보면 홍콩샘은 여학생들에 겐 위험천만한 교사였다. 우리가 중학교를 졸업하고 고등학교 를 다닐 때쯤 학교를 그만두셨다는 소문이 돌았다. 학생지도 때문에 학교에 온 학부모와 바람이 났는데, 다른 여학생과 또 문제를 일으켜서 바람난 학부모가 질투로 경찰서에 신고했다 는 것이다.

홍콩샘은 음악시간에 자신은 집도 가난했고 못생겨서 여자들에게 인기가 없었다고 말하면서 가끔 여자가 싫다고도 했다. 선생님 말처럼 중독은 가난하고 소외된 사람이나 유전적인 특이성이 문제가 되어 나타나기도 한다. 버닝썬 사건 이후 어느 유튜브 채널에서 젊은이들 사이에 마약 정도는 해야 특권층이란 인식의 오류가 문제가 된다는 이야기를 들었다. 버닝썬 사건처럼 문제삼지 않는다면, 마약을 한다는 것이 부와 권력이 있다는 과시가 되고, 동경의 대상이 된다는 것이다. 이러한 쾌락적 악덕과 중독은 '도취'라는 공통분모가 있다. 어쩌면 홍콩샘도 학생들 앞에서는 노래 한 곡조로도 영웅처럼 떠받들어지는 교사라는 위치의 '도취'를 즐겼는지도 모른다. 비약하자면, 마치 3000궁녀를 거느린 제황의 기분이었을까? 그 이전까지는 또래 사이에서 노래만 잘하는 재수 없는 아이 취급을 당했을지도 모를 일이다. 그래서 더 학생과 학부모 가리지 않고 여성들에게 음습하고 전략적으로 집착한 것일지도 모른다. 지금으로 돌이켜 보면 명백한 성범죄다.

중독을 일으키는 5대 요소로 접근성, 가격 적절성, 광고, 익명성, 아노미를 들고 있다. 일단 홍콩샘의 입장에서 보자면, 대상자에 대한 접근성이 좋았다. 홍콩샘은 자신의 소외에 대한 불안을 다스리기 위해 여학생들에게 집착하고 욕망하는 제어되지 않는 성충동에 사로잡혀있던 것인지도 모른다. 음란물 중독자들은 자신을 열등한 존재로 인식하고 자기를 비하하는

데, 이런 고통의 감각을 회피하고 싶은 방어기제로서 자신을 강하게 자극하며 고통을 마비시키는 방법으로 성적 집착을 가지게 된다고 한다. 그러나 사랑받고 자란 사람들은 자신을 남과 비교하지 않는다. 성충동 안에 유아적 사고와 왜곡이 존재하며 내면의 어린아이가 잠복하고 있다. 그래서 어려서 부모의 지지와 인정과 칭찬은 중독예방의 필수 중의 필수라고 할수 있고, 학교보다 홈스쿨링을 통한 애정어린 중독예방 교육이 더욱 중요함을 말해준다.

데이비드 T 코트라이트는 〈중독의 시대〉에서 현대 과학기술문명은 인공피임법으로 섹스와 생식을 각각 분리했고, 디지털 포르노그래피는 육체적 접촉을 분리했다고 분석한다. 그와 더불어 인터넷의 원격성과 비인격성은 관습적인 구애와 결혼을 분리했다고 설명한다. 이는 최재천 교수가 80년 뒤엔 아마도 인류가 멸망하게 될 것이라고 전망한 내용과 다를 바 없다. 알파세대 아이들은 직접적인 교통관계가 아니라 메타버스 내에서 디지털 기기를 이용해서 사랑을 대체하다 보니 종족 보존은 원천봉쇄될 수밖에 없는 것이다. 기계 문명의 화려한 발달과는 달리 인간관계에 대한 전망은 너무 어두워 글쓰기가 겁이 난다. 어쨌든 1970년대에 홍콩샘이 여학교만 다니면서 자신의 중독적 성욕망에 접근성을 더했다면, 이제 시대가 달라졌다. 디지털 아바타가 성폭행을 당했다는 신고가 들어왔다는 이야기는 과히 충격적이었다.

인터넷의 발달로 접근성이라는 말 자체도 필요 없이 스마트폰만 켜면 된다. 그것도 범죄 앱이 아니라 세상을 널리 편리하고 이롭게 돕고 있는 당당한 홍익인간형 카카오톡과 텔레그램 및 페이스북 메타와 인스타그램 구글 디지털 게임 앱 등이 성매매와 디지털 포르노 중독의 온상이 되고 있는 것이다. 그래서 청소년 아이들이 성숙한 사랑에 대한 준비를 할 겨를도 없이 성 에너지를 모두 방출하여 정작 20대에 파트너와는 육체적 사랑을 나눌 수 없는 지경이 된다는 중독의 시대 리포트는 매우 충격적이었다.

과학기술문명의 발전도 좋지만, 적정 수준에서 브레이크를 잡을 줄도 알아야 한다. 지속적으로 과학기술문명이 발전하고, 지구에 인류가 사라진다면 무슨 의미가 있는가?

디지털 플랫폼 시스템은 슬롯머신의 즉각보상 체계로 설계되어 도박은 물론 다양한 수준의 마약과 성매매 및 포르노를 비롯한 악덕 중독이 전 세계적으로 코로나 이후 더욱 날개를 달고 번지는 주요 무대가 되고 있다. 온라인 등교는 물론이고 에듀테크를 이용해 공부하는 아이들의 보편적인 일상이 무척 위험해 보이는 이유다. 이미 많은 아이가 디지털 포르노에 포획되어 있다.

카카오톡과 텔레그램 등 채팅 앱을 통해서도 현재 청소년들의 성범죄와 다양한 악덕의 일반화 수준이 심각하다. 성기 노출 사진으로 섹스팅을 하는 아이들과 성기 노출 사진을 사고

파는 아이들, 카톡방에서 소외를 면하기 위해 먼저 빠져나오지 못하는 집단 불면증, 질투에 의한 집단적인 악의적 가십과 왕따, ADHD적 주의산만, 둔감화, 무기력, 외모에 대한 집착과 디지털 매춘, 쾌락과 불안을 위한 섹스, 흡연과 알코올 섭취의 일탈 및 연출 유튜브 시청 등이 그것이다. 청소년기의 이런 악덕적 일탈들이 더욱 심각한 이유는 바로 청소년기의 두뇌가 중독에 매우 취약하다는 것이다. 그뿐만이 아니라 청소년기엔 대체로 자존감이 약화된 아이들이 대부분이다. 청소년기의 특성이 그러하다 보니 더욱 중독적인 일탈에 쉽게 빠져들게 된다. 이것은 청소년 개인의 문제가 아니라 우리의 현재 디지털 온라인 사회 시스템의 총체적 문제로 접근해서 보아야 한다.

코로나 이후 온라인 등교가 일반화되면서 아이들은 1인 1스마트기기를 갖게 되었고, 그들이 호기심에 구글 검색창에 입력하는 '키스하는 법'과 같은 검색어는 친절한 알고리즘에 의해 '디지털 포르노'의 백화점에 입성하는 길을 안내함은 물론 친구들과의 채팅과 게임을 통해서도 그들은 긴밀하고 은밀하게 관계를 이어나간다. 디지털 커뮤니티를 진정한 커뮤니티라고 할 수 있을까? 우리 알파세대 아이들이 살아가야 할 삶의 장이 디지털 메타버스 플랫폼이라는 것은 누가 정한 방향인가? 만약 그것이 돈이 되지 않는다면 디지털 메타버스와 미래를 연결하여 마케팅을 적극적으로 할 수 있을까? 누가 쓴 소설과 시나리오에 아이들이 휩쓸려 가고 있는지를 잘 살펴보아야 한다. 인터넷 디지털 공간은 우리 삶의 공간처럼 음양과 흑백이 공존하는 공간이다. 그런데 문제는 내추럴 메타버스인 현실세계에서의 음양과 흑백은 수만 년의 역사를 통해 우리 인간의 지혜로운 삶의 지식으로 누적되어 있기에 적절한 속도로 인간됨의 깊이와 의미를 짚어 살아갈 수 있지만, 디지털 메타버스 공간의 최초 인류가 바로 알파세대 아이들이라는 것이다. 386세대들은 그들을 아예 이해할 수도 없으며 MZ세대들조차 알파세대 아이들의 디지털 속도와 관념을 따라가기 쉽지 않다. 알파세대들은 온전히 수평적 사고를 하는 새로운 인종 아바타다. 그들에게 기존의 인간세계 지혜를 나눠주지 않는다면, 그들은 자신들이 어떤 중독적 기업 논리에 의해서 만들어진 시

스템 속에 갇혀있는지조차 인식하기가 어려워진다. 중독자들은 자신이 중독된지를 모른다. 마치 〈투루먼 쇼〉의 주인공처럼 조작된 세계 속에서 통제된 삶을 살아가면서 자신들 삶에 대해 추호도 의심하지 않는다. 그들은 이어져 있으나 모두 고립된 존재들로 디지털화되기 때문이다. 인터넷의 속성이 연결된 것이라고 하나 존재는 고립된다. 그렇다면 이러한 시대에 우리가 전통적으로 이어져 오던 생각의 중독에서 중독적 사고로 전환된 나약한 자신으로부터 어떻게 다시 또 당당한 자기 삶의 주인으로 살아갈 수 있을까? 답은 여전히 수행적 삶이다. 아이들 교육부터 수행적으로 자신을 성찰하고 돌아보며 자신이 사로잡힌 욕망과 현실에 대해 비평적 관점으로 생각하고 나누고 써 나가야 한다.

죄책감을 피하기 위한 행동과 다른 사람의 행복에 기여하고 싶은 욕구를 인식하면서 하는 행동은 다르다. 상대를 비방하기 전에 나 자신이 중독적인 삶이 아닌 자유로운 삶을 살기 위한 수행적 삶의 태도가 되어있는지 확인해야 한다. 일상에서 아이들과 함께 연습할 수 있는 수행의 방법으로 아침 기도나 식사 시간 등에 함께 읽고 명상하며 뇌 새김을 하는 것도 수행적 교육의 한 방법이 될 수 있다.

매일매일 정진하는 것이 수행적 교육의 핵심인데, 중독의 갈망 또한 매일매일 시시때때로 올라오는 욕망보다 더한 갈증이기에 매일매일 꾸준히 빼먹지 않고 정진하는 것이 교육의 포인트라고 할 수 있다. 디지털 메타버스 시대라 더욱 자유롭다고 해서 성실성과 꾸준한 인간됨의 수련이 가치가 없어지는 것은 아니다. 오히려 꾸준한 수행적 삶이 더 강력하고 절실한 시대가 되었다.

친구의 불행이 내 행복이 아니라 친구의 행복 또한 내 행복인 마음으로, 바라는 마음 없이 온전히 자비를 베푸는 삶을 나눠간다면 적어도 살리에리증후군으로 삶을 불안하게 영위해가지는 않을 것이다. 너는 나고 나는 너임을 알고, 네가 있으므로 내가 있고 내가 있으므로 네가 있음을 알고 중독적 삶이 아닌 진정한 자신의 삶의 주인으로 눈을 떠야 한다.

"질투는 천개의 눈을 가지고 있다. 그러나 한 가지도 보지 못한다."

놀랍게도 인터넷 의존 현상에서 1등 한 나라가 대한민국이다. 한국은 국가적 차원에서 인터넷 의존을 지원하는 시스템을 만들 정도로 심각한데, 이는 한국인들의 성취 지향적인 사회 분위기와 교육과정 등에서 그 원인을 찾을 수 있다. 심지어 코로나 이후 2022년 교육개정에서 우선사업이 스마트미래교실 만들기이다. 학생들이 1인 스마트기기 시스템이 되면서 학교별로 차이는 있지만, 학교에서도 이제는 온종일 자율적인 사용이 가능해진 상황이다. 성취 지향적 한국사회에서 학생들은 학업성적에 압박을 받고 이에 대한 해소와 보상을 찾아 사이버 공간에서 놀이를 찾아 즐기며 자연스럽게 인터넷 좀비가 되어 간다(인터넷 좀비란 짐승만도 못한 노예적 삶을 말한다). 그러나 현재 정부는 기업 1st 정책을 벌이며 IT기업의 이윤추구를 우선시하는 경향을 보이고 있으니, 아이들 교육과 국민건강을 위한 미래 시스템 구축에 대한 전망은 어둡다.

코로나 이후 인터넷 의존 자가 진단

온라인 게임 의존이라는 진단을 내리기 위해서는 다음 9개 중 5개 이상의 항목에서 '그렇다'는 대답이 나와야 한다. 답이 5개 미만이라도 인터넷 남용에 해당할 수 있다.

1. 가족들이 각자 자기 방에서 카톡으로 대화하고 있는가?

2. 인터넷에 접속할 수 없는 경우 금단현상이 나타나는가?

3. 취미 활동과 운동을 온라인 앱에서 하고 외출이 줄었는가?

4. 스마트폰으로 인한 심리적, 사회적 문제를 알지만, 여전히 과도하

게 지속하고 있는가?

5. 가족이나 혹은 다른 사람에게 온라인으로 보내는 시간을 속인 적이 있는가?

6. 무력감이나 죄책감 혹은 두려움 등의 부정적인 감정에서 벗어나기 위해 스마트폰을 하는가?

7. 인터넷에 과도하게 몰입해서 중요한 대인관계나 경력을 쌓을 기회를 놓칠 뻔했거나 잃은 적이 있는가?

8. (자신의 중독 증상 써보기   )

9. (자신의 중독 증상 써보기   )

인터넷 의존의 다양한 원인 생각해보고 비평적 토론하기

개인적 요인	사회적 요인	미디어적 요인
충동성	가족내 문제	사회 경제적 결속과 이윤 추구
자기생각적기	자기생각적기	자기생각적기
자기생각적기	자기생각적기	자기생각적기
지연행동	친구 혹은 파트너와의 문제	게임적 요소
주의력 결핍	왕따와 소외 경험	성적 자극
우울증	직장이나 학교 조직 내 갈등문제	보상을 통한 자극
두려움	성취에 대한 압박감	무제한적 이용
자폐증	미디어 사용에 대한 사회의 지나친 관용	아바타와 온라인 계정이 게이머의 정체성과 동료 게이머들과의 관계에 결정적 영향을 미치는 게임
자존감 결핍		
외로움		

6교시

윤리시간

Core lesson 조작과 통제

윤리선생님은 조작(操作: 기계 따위를 일정한 방식에 따라 다루어 움직임)과 조작(造作: 어떤 일을 사실인 듯이 꾸며 만듦)의 대가였다. 선생님의 남산만한 뱃속엔 아마도 다양한 가면이 들어있을 거라고 아이들은 수군거렸다. 그뿐인가? 늘 사실이고 진실이라며 강조하는 무수한 이야기들의 근원지도 윤리선생님의 커다란 뱃속이라고도 했다. 造作을 위해서 操作을 서슴지 않았고, 자신이 목적하는 바를 달성하기 위해서 아이들은 물론 학부모들까지 통제하는 능력도 뛰어났다. 어쩌면 아이들과 부모들의 행동을 본인의 사업적 이익을 위해 집중되도록 통제하고 심리적으로 조작하는 여론 조작술 내지 프로파간다의 선전선동 전문가였는지도 모르겠다. 우리는 윤리선생님이 디자인한 교묘한 '생각중독' 속에 빠졌고, 나중엔 선생님의 부당한 행동을 당연한 일로 받아들이면서 스스로 통제당하는 '중독적 사고'의 노예가 되어갔다. 선생님이니까 무조건 하느님처럼 받들어야 한다는 유교적 '생각중독'은 선생님과 부모님의 말씀으로 우리들 뇌리에 박혔고, 선생님의 부당한 행동에도 불구하고 이미 통제를 통해 중독된 사고는 불의를 거부하거나 저항할 수 없는 무기력한 존재로 우리를 전락시켰다. 그런데 선생님의 타락한 조작과 통제가 '대전의 큰 부자'라는 명분으로 다시 존경받는 역설까지 만들어냈다. 급기야 수업시간에 어떤 친구가 한 치의 망설임도 없이 말했다.

"저도 선생님처럼 '메이드 인 저펜 소니(sony)' 녹음기로 수업하고 학부모님들하고 술도 먹는 성격 좋은 교사 될래요."

프로파간다의 선두주자 에드워드 버니(Edward Bernay)가 '보이지 않는 사회의 메커니즘을 조작하는 사람들이 진정한 지배 권력'이라고 말하였다면, 윤리선생님은 학생들의 성적격차와 빈부격차를 조작하여 아이들의 불만을 통제하고 조종했다. 뿐만 아니라 트럭에 물건을 싣고 다니며 하교 후 아이들 집을 방문하며 학부모들에게 자신이 만든 물건과 농산물을 강제 방판을 했다. 그럼에도 불구하고 교사라는 직업의 선한 이미지를 차용하며 굳건하게 교사의 자리를 지켜나갔다. 아니, 그 누구도 윤리선생님의 부조리에 대해 불만을 말하지 않았다. 당시 교사란 직업은 존경받는 직업이었던 데다 윤리과목의 선생님들은 도덕군자의 상징처럼 여겨지던 시절이었다.

특정 정당이 인기 있는 연예인을 대변인이나 당원으로 등장시켜 지지연설을 하게 하는 것은 대상 모델의 얼굴을 통해 얻어지는 성적 쾌락을 특정 정당의 이슈와 연결(association)시키며 호감을 증폭시켜 무의식적으로 특정 정당의 뜻에 따르도록 여론을 통제하고 조작하는 기술이다. 2022년 7월 현재 한국

정치 현상에서도 약간의 차이는 있지만, 쉽게 간파되고 있는 현상이다. 이처럼 윤리교사라는 직위 자체가 가지는 청렴한 이미지 생각중독은 하나의 강력한 브랜드처럼 작동했다. 사회적 비난으로 취약한 사람을 대중들에게 어필하는 이미지로 조작하며 대중들의 부정적인 여론을 통제해나가고 있는 것도 같은 이치다. 이를테면 캐네디 영부인 재키와 오드리 햅번 스타일의 패션을 차용하여 대중들의 사랑을 독차지하던 그들의 이미지로 부정적인 인식의 이미지를 덮어쓰는 것이다. "이미 파일이 있습니다. 덮어쓰시겠습니까?"와 같은 작동원리다. 덮어쓰기는 아래에 가려진 이미지를 지워버린다. 그리고 대중들은 조작된 이미지가 미디어에 반복 노출되면 진실과 거짓을 구분하지 못하는 중독적 사고의 단계에 이르며, 어느새 그녀는 '이쁘고 멋져서 좋다'라는 인지오류의 통제를 받아들이게 된다. 이미 이 단계에서는 지성이나 합리성 등은 통하지 않고 군중심리만 있을 뿐이다. 어쩌면 윤리선생님도 그래서 조작과 통제라는 두 가지 전략으로 자신의 무능과 부조리를 감췄던 것인지도 모른다.

Object lesson 연근 한 꾸러미씩을 무조건 내려놓고 떠나셨지

윤리시간이 시작되기 전 쉬는 시간은 아주 긴 휴가와 같은 느낌이었어! 선생님은 수업 시작종이 나면 교무실 의자에서 육중한 몸을 일으킨 뒤 오른손으로 책과 대추나무로 만든 막대와 분필통을 집어든 뒤 왼쪽 손으로 일본산 소니 카세트를 꽉 움켜잡고 아주 느린 걸음으로 그림자까지 무거운 몸을 이끌고 교실로 향했어. 선생님은 대체로 수업시간이 5분쯤 지난 뒤에야 교실 문을 열고 들어오셨고 나는 선생님의 그 점만 좋았어.

주번의 구령에 따라 선생님께 인사를 마치고 나면 지루한 출석 부르기가 이어졌어. 그런데 그보다 더 지루한 것은 선생님 댁 안방에서 녹음했다는 카세트테이프에서 흘러나오는 선생님의 윤리수업을 40분 동안 들어야 했다는 거야. 우리 학교 1학년 전체가 16개 반이었는데, 선생님은 10개 반을 모두 들어가면서 2시간씩 수업을 해야 해서 매우 피곤하기 때문에 녹음 기술을 이용해서 수업으로 인한 육체적 피로감을 줄이는 것이라고 했어.

윤리교사 이민주 선생님은 민주적인 시민양성을 위한 수업을 주장하며 자는 아이들도 깨우지 않고, 수업을 듣지 않는 아이들도 내버려 두었을 뿐만 아니라 일제 소니 최신기종 녹음기의 오토리버스 기능을 이용하여 무한 반복되는 미디어 수업을 진행하는 최신 감각의 미래교사였던 거야! 선생님이 하는 일은 녹음기 강의를 제대로 듣지 않고 조는 아이들을 잡아내는 것이었는데, 신문지에 작은 구멍을 뚫어서 자신을 가리고 아이들을 감시하는 통제전략을 썼어. 마치 벤담이 못된 죄수들을 감시할 목적으로 고안했다는 '파놉티콘'(Panopticon, 그리스어로 'pan(모두)'과 'opticon(보다)'가 합쳐진 단어로, 영국 공리주의 철학자 제러미 벤담이 제안한 교도소의 한 형태이다) 이상의 효과가 있었지. 그뿐만이 아니라 선생님은 윤리교육에서 정말 중요한 인성교육까지 진행하셨는데, 자신의 과거 영웅담과 젊은 날 선생님 부부가 낚시 때문에 맨날 싸우다가 입에 낚싯바늘이 박혀서 수술한 뒤부터 낚시를 그만두고 화해한 이야기를 끊임없이 되풀이하면서 경험중심의 융합교육을 반복했어. 선생님은 그렇게 반복적인 이야기로 자신은 훌륭하고 선하다는 생각을 우리들 사고에 중독(?)시켜 나간 거지.

수업이 끝나면 윤리선생님은 학생들 집으로 일일이 가정방문을 하며 추수지도를 하기도 했는데, 제일 먼저 표적이 된 것은 반장과 부반장 네 집은 물론 부잣집 딸이라고 소문난 친구들 집이었어. 윤리선생님이 반장네와 부반장네 집으로 가정방문을 가는 이유는 다른 선생님들이 가정방문을 하는 이유와 많이 달랐어. 3월에 학급 임원이 선출되면 4월 초부터 용달트럭을 타고 나타나는 윤리선생님의 가정방문이 시작되는데, 자신이 쓴 붓글씨로 12폭 병풍을 만들어서 학부모들에게 판매하는 것이었어. 어린 우리 눈에도 선생님의 그런 가정방문은 뭔가 석연치 않은 느낌이었지. 여름엔 선생님이 키운 연근을 채취하여 가정방문이 다시 시작되는데 이번엔 강제판매야. 학교에서 손꼽히는 아이들 집에 트럭을 타고 돌면서 연근 한 꾸러미씩을 무조건 내려놓고 떠나셨지. 돈은 아이들이 학교로 가져가야 했어. 윤리선생님이 대전의 큰 부자인 이유를 알 것 같더라.

윤리선생님의 트럭이 연근을 싣고 동네를 돌고 간 다음 날엔 아이들 도시락 반찬이 모두 연근 졸임으로 뒤덮여 책상이 꽃처럼 피어나는 재미있는 일도 일어났어. 덕분에 우리는 연꽃의 뿌리가 연근이고, 그것의 열매가 연밥이라는 것을 처음 알게 되었어. 바로 이런 것을

'삶의 경험 바탕의 프로젝트 융합교육'이라고 하는 거야! 선생님의 '투잡(two job)'을 놓고 아이들과 험담하다 스스로 익힌 것이니 '찐' 삶의 교육이지. 라이프스타일 교육.

그렇게 여름방학이 오고 다시 가을이 되자 우린 계룡산 동학사로 소풍을 갔어. 그런데 그때 누구도 상상하지 못할 진짜 놀라운 광경이 우리 눈앞에 딱 벌어졌어. 친구들과 계룡산 계곡을 끼고 동학사를 향해 올라가는데 어떤 뚱뚱한 아저씨가 웃통을 벗은 채로 남산만한 커다란 배 아래 모시메리, 사각 파자마 바지만 입고 계곡물에 앉아서 빨강색 이태리 때타올로 몸에 있는 때를 밀어내고 있는 것이 아니겠어? 윽! 진짜 그렇게 굵고 실한 많은 때는 처음 봤어. 마치 2차세계대전 때 전투기에서 포탄이 일시에 쏟아져 나오던 장면을 보는 듯한 놀라움이었달까? 살짝 본 것만으로도 구역질이 욱하고 올라왔어.

"미친 아저씨네. 도대체 왜 이런 곳에서 더럽게 때까지 밀고…. 진짜 미쳤나?"

그런데 아이들이 갑자기 비명을 지르고 난리가 난 거야! 자세히 보니 헉~ 윤리선생님이 아니겠어? 매주 수업시간마다 반복해서 들었던 낚시 이야기 속 상처 난 까만 윗입술은 분명 이민주 윤리선생님이었지. 헉! 그런데 선생님이 때를 씻어내기 위해 계곡물로 이동하는 과정에서 젖은 모시메리가 선생님 몸에 찰싹 달라붙어서 까맣게 비치는 치모와 엉덩이의 누드함은 정말 역대급 끔찍함이었어. 그때 난 처음으로 '눈 뜨고 봐줄 수가 없다'라는 말이 어떤 지경을 말하는 감각인지를 처음으로 알게 됐어. 그 다음 주 마의 수요일에도 어김없이 윤리선생님은 수업시간이 5분 넘어 녹음기를 들고 나타나셨고, 녹음기에서 그리스 철학자 세네카인가,

이야기를 하는 자신의 목소리 위로 이렇게 말씀 하시더라구.

"지난 주 수학여행 좋았다아~. 계곡물에서 때를 밀고 가니까 우리 마누라가 앞으로 평생 사이좋게 잘 살자고 했다아~. 그래서 나도 마누라와 앞으로 평생 사이좋게 잘 살 생각으로 마누라 볼테기에 뽀뽀했당~. 너희들도 선생님을 본받아서 부부가 싸우지 말고 사이좋게 살아가면 그게 도덕이고 윤리다아~. 나 같이만 살어라아~."

하지만 난 윤리선생님 같은 품위 없는 도둑적인 사람이 되고 싶진 않았어. 자신은 존경받지 못할 일들만 골라서 하고 다니면서 우리에게 윤리와 도덕을 기계적으로 녹음기 오토리버스 기능을 반복해서 들려주고 시험 못 봤다고 손바닥을 때리는 선생님을 골탕 먹일 계획에만 몰입했지. 그래서 윤리시간이 재미났어.

윤리선생님은 자신의 병풍을 사줬거나 연근을 산 학부모 아이들 명단을 체크한 명렬표를 들고 다니면서 시험점수도 올려주고 어떤 말썽을 피워도 눈감아줬어. 나는 그 점을 이용해서 그 아이들을 아프다고 엎드리게 하곤 양호실 데리고 간다고 핑계 대고 학교 앞 문구점에서 과자를 사오거나 더 멀리 있는 화장실을 다녀오거나, 궁금하지도 않은 첫사랑 이야기를 해달라고 매시간 조르거나 하면서 수업 진도를 지연시키며 놀았어. 선생님 자신도 자신이 하고 있는 일이 정당한 일은 아니라고 생각하고 있었던 걸까? 우리를 더욱 강력하게 통제하려고 파놉티콘 신문지 같은 조작을 다양하게 구사했지만, 우리도 거기에 맞서 더 전략적인 조작으로 선생님을 골탕 먹이는 것은 물론 선생님을 단 일도 존경하지 않았어. 아니, 완전 무시했지. 그런데….

Big lesson 아무런 대가도 바라지 않고 욕망을 버리고
결과에 집착하지 않는 수행

미디어의 이미지 조작이나 가짜뉴스는 사실 무시무시한 디스토피아의 세계임은 물론 범죄다. 아메리카 대륙의 미국과 캐나다 같은 경우 거짓말은 사기죄처럼 범죄로 다룬다. 사실 사기 치는 것이 거짓말하는 거다. 당연히 범죄로 다루는 것이 합당하다. 그런데 아무리 진실을 알리려 해도 미디어의 조작된 이미지와 뉴스를 필터링 없이 듣고 그대로 반복하면 결국 대중들의 사고방식 또한 거짓 뉴스와 조작된 미디어에 물든다. 그래서 더욱 성찰적 삶의 태도와 깨어있는 수행적 연습이 필요하다.

중독자들의 박탈감은 실제로 무엇인가 부족해서가 아니라 비현실적인 기대감 때문에 온다. 바라는 마음 없이 무주상보시를 실천한다면 삶은 내게 충만한 풍요를 준다. 그러나 상대에게 바라는 마음을 내는 순간 불행은 시작된다. 마치 상대와 비교하는 순간 지옥이 시작되는 것과 같은 원리다. 이렇다 저렇다 상을 짓고 상대에게 의존하고 바라는 마음을 내면서 살게 되면 삶에서 충분한 만족감을 얻을 수 없어 의존적인 중독성 물질로 인생을 채색하게 된다. 과도한 탐닉과 탐욕은 인간에게서만 볼 수 있는 현상이다. 인간은 신체적 충동과 욕구 외에 영적인 충족을 갈망한다. 그러나 중독자들은 부정적, 긍정적, 감정 조절 모두 힘들다. 인간의 영성에도 중독성 왜곡 현상이 일어난다. 영적 갈망은 음식, 약물, 섹스, 돈으로 만족되도록 유인할 수 있다, 이것이 채워지지 않을 때 막연한 불안을 느낀다. 그러니 인간됨의 가장 큰 기본이며 삶의 축복인 사랑과 존경과 감사와 자부심 등의 긍정적인 삶의 순간을 경험할 수 없어 불행할 수밖에 없는 것이다. 일단 내 주머니가 충분히 채워져 있음에 눈떠야 한다. 만족을 아는 것이 해탈이라고 선인들은 설하셨다. 지금 내가 가진 것에 자족할 때 행복은 다가오고 부족한 것만 바라보면 불행해진다. 결국 우리 삶의 방향과 당신 운명의 방향은 당신 시선의 방향, 바로 관점의 문제다. 모든 것은 바로 당신의 마음, 그것을 바라보는 마음의 눈에 달려있다.

중독자본주의 사회의 목표는 너무나 명확하다. 부자는 더 부자로 만들고, 권력은 독점하여 더 강대하게 만든다는 것이다. 한마디로 재벌기업과 정치권력의 야합에 의한 특권층의 부의 독점과 그에 따른 일반 대중들의 착취가 어떤 방향으로 어떻게 이루어지고 있는지에 대해 비평적 관점의 시각의 날을 세워야 한다. 시스템을 만든 자들은 권력을 잡기 마련이고 그들에 의해 착취당하는 노예적 삶의 장본인이 바로 우리 자신들임은 물론 우리 아이들일지 모른다. 당신의 아이가, 혹은 당신이 간신히 밥만 먹으며 통제 속에서 사육당하는 삶을 살아가기를 원하는가? 자유가 없어도 될까? 그래서 더욱 깨어있어야 한다.

　누군가의 스타일을 흉내 내는 것과 내 스타일을 만들어 내가 되는 것은 완전히 다른 차원의 이야기다. 흉내 내기는 오래가지 못한다. 자식과 가족을 벌어먹이기 위해 선택의 여지없이 험한 일을 선택하는 일은 보살행이며 인간적이다. 그러나 자신의 열등감에 대한 반작용으로 수단과 방법을 가리지 않고 거짓말을 일삼는 목표지향적인 리플리증후군처럼 살아가는 것은 범죄이며 비윤리적인 행태이다. 이 시대에 교육적으로 도덕성이 더 강조되어야 할 이유다. 누구나 그럴 수 있다가 아니라, 왜 그가 그 상황에서 그런 선택을 했는지 그의 삶의 태도와 자세를 따져 보는 것이 더 중요하다는 이야기다. 단순히 부자로 권력을 잡아서 내가 최고가 된다는 단순한 '생각중독'에서 '중독적 사고'로 넘어가면 강박적으로 목표에 매달리며 타자의 피해 또한 당연하게 여기는 냉혈한이 된다. 이미 그 상태는 인간이 아닌 욕망에 의해 자동으로 작동하는 오토마타일 뿐이다. 그뿐만이 아니라 권력을 이용하여 대중들까지 조작과 통제로 억압하며 타자의 불행을 즐기게 된다.

　1931년 헉슬리(Aldous Huxley)의 소설 〈멋진 신세계〉에서도 대중들은 조작과 통제 기술에 의해 노예제를 아무 생각 없이 받아들이도록 학습된다. 조지 오웰의 〈1984〉 또한 '빅 브라더'의 통제에 의한 개인의 생각과 행동 조작과정이 그려진다. TV나 여론 조사를 통한 정교한 집단 조작(mass manipulation) 기술의 발전은 현대 과학기술 문명이 인간에게 던지는 어두운 올가미다.

　이제 코로나 이후 디지털 메타버스 시대는 중독적 상품자본주의의 조작과 통제에 의한 TV나 여론 조사는 물론 스마트폰, 사진, 그림, 만화, 영화, 인터넷, 디지털 플랫폼, 디지털 봇 등 과학기술문명의 발달로 글로벌 IT기업의 이권과 정치적 권력 투쟁이 더욱 심화되는 상황이다.

　조작과 통제를 기반으로 하는 행동주의 이론은 인간의 자유로운 선한 본성과 의지를 무시하는 사고방식이다. 대중들을 자신들의 권력 유지를 위한 도구와 조작이 가능한 미미한 개미같은 존재로 바라보는 관점이다. 아무리 어린 학생들이라 할지라도 자신의 존재가 조작되고 있다는 것을 알면 분노하지 않을 수 없다. 그래서 우리는 거대 권력구조의 조작과 통제로부터 깨어있어야 한다. 돈과 권력을 위해 중독적 메카니즘으로 개인을 소비자로 규정하거나 짐승처럼 우매한 존재로 규정하며 무당굿 한판으로 자기들만의 판을 만들 수 있다는 생각으로 가소로운 행동을 이어가는 집단과 개인에 대해 항거해야 한다. 분노하라! 국민을 우습게 알고 중독적 조작과 통제로 핸들링하려는 오만한 어깨에 드리운 무거운 역사의 그림자가 얼마나 무겁고 무서운 것인지에 깨어있어야 한다.

　인간의 삶과 역사는 양성자처럼 존재가 명확하지 않으나 하나의 패턴을 이루며 연결되어 있으며 반복된다. 이것이 역사의

진실이다. 그래서 역사를 아는 자들은 겸손하지 않을 수 없다. 교육이 단순한 지식이 아닌 으뜸가는 가르침의 종교적인 수행으로 다시 정의되어야 하는 시대적 요구도 이와 같다. 돈과 명예를 가진 자만이 행복하다는 중독적 사고의 오류를 스스로 깨쳐 나갈 때 우리는 비로소 행복을 찾고 평화를 찾는다. 교육을 받고 돈을 벌고 가정을 꾸리는 이유가 무엇인가? 결국 도파민적 쾌락이 아닌 조용히 찾아드는 평화 속의 빙긋 웃는 한 자락의 행복감, 일상의 소소함을 함께 즐기기 위함 아닌가?

악착같이 자신의 영달을 위해 상대의 진실을 조작하고 날조하고 통제한다고 해서 행복이 찾아오지 않는다. 진짜 파랑새는 내 집에 있고, 진짜 귀한 보배는 바로 내 안에 있다. 시선을 자신 안으로 돌려야 한다. 금광은 바로 지금 당신 안에 있다.

거룩한 신의 노래 〈바가바드기타〉에는 다음과 같은 구절로 맹목적이고 중독적으로 살아가는 우리의 현재를 일깨운다.

자기가 먹는 음식도
신께 제물을 바치는 심정으로 먹는 사람은
모든 죄악에서 벗어난다.
하지만 자신의 혀와 배를 만족시키기 위해서
음식을 준비하고 먹는 사람은
음식이 아니라 자신의 탐욕을 먹는 것이다.
― 바가바드기타/ 정창영 옮김/ 무지개다리너머

모든 것은 나로부터 나아가 나에게 돌아온다. 아무런 대가를 바라지 말고 욕망을 버리고 결과에 집착하지 않는 수행을 계속하면 결국 중독적인 삶의 카르마로부터 벗어날 수 있다는 고전의 가르침은 중독적자본주의 사회에서 기업과 권력의 논리에 의해 인간됨의 주체성을 잃어가는 디지털 메타버스 시대의 우리를 다시 한 번 더 생각하게 한다.

무엇보다 온라인 에듀테크 교육을 받으면서 디지털 알고리즘의 덫에 걸린 아이들의 중독적 사고에 대한 교육의 대안을 종교적인 삶과 수행에서 더 적극적으로 찾아야 할 때다. 여기서 제시하는 종교적 삶과 수행이란 특정 종교의 신앙생활을 말하는 것이 아니라, 으뜸 가르침으로서의 근원적 종교를 말하는 것이다.

부모님과 함께 하루 일과를 단정한 청소와 함께 명상과 수행적 학습으로 시작하는 아이들이 중독적 상품자본주의에 통제될 리는 만무하다. 부모가 중요한 이유는 아이들에게 유아기부터 양질의 기억을 만들어주고 그 기억 자체가 바로 지식이 되어 아이들 삶의 양분이 되기 때문이다. 아이들에겐 누군가의 보상이 아닌 스스로 만드는 양질의 기억이 중요하고 그것을 돕는 이가 바로 부모이다. 부모들은 항상 자녀들에게 최초의 교사임을 잊지 말고 살아야 한다. 유아기부터 부모와 함께 하는 수행적 평생교육의 리듬과 습관을 만들어주는 것이야말로 최고의 선물이다.

중독 깨기 lesson 8. **무더운 여름날 누군가를 위해 커피를 내리는 일은 사랑과 자비행이다**

무더위에 땀을 뻘뻘 흘리며 텃밭에서 풀을 뽑고 돌아오는 길에 아침 일찍 오픈한 카페에 들러 아이스 아메리카노를 시켰다. 내 뒤를 따라 들어온 가족이 사랑스런 몸짓으로 커피를 고르고, 사춘기 아들은 무심한 눈길로 부모를 번갈아보다 결국 복숭아 아이스티로 마음을 굳힌다. 내가 오늘 아침 맛있는 아이스커피를 욕망했던 것은 분명하되 커피가 내 입맛에 맞지 않아도 그뿐, 시원하다는 감각 자체만으로도 좋다. 그뿐인가? 카페에서 펼쳐진 아름다운 사람들 풍경만으로도 충만해지며 더 이상 바라는 마음을 내지 않는다. 그래서 욕망과 시비에 사로잡히지 말고 평정심을 유지하며 마음의 고요를 얻으라는 붓다의 가르침은 늘 묵직한 감동으로 다가온다. 다만 일어나고 사라지는 호흡, 동작, 감각, 느낌, 감정을 알아차리며 시간의 흐름에 따라 변하지 않는 것은 없고 생겨난 것은 반드시 멸한다는 관점을 직시하면 옳고 그름, 좋고 나쁨 등의 시비분별은 사라진다는 것이다.

시비분별의 관점이란 인간 시선의 방향이 세계를 만드는 방향이다. 관점이 달라지면 기억이 달라지고, 기억이 달라지면 세계가 달라진다. 세계는 결국 그 사람의 시선이 어느 방향을 바라보고 있는가에 따라 달라진다. 그래서 시간과 공간이 만나는 접점에서 사람과 사람과의 관계로 존재가 형성되고 사회적 실제와 문화가 만들어진다. 이는 현대 물리학적 관점에서도 존재실상은 환상이고 찰라적 꿈이라는 붓다의 말씀과 같다.

붓다는 존재의 실상은 세상의 모든 것과 연결되어 있어 단독자라 할 수 있는 실체는 없다(무아)고 했다. 그렇기에 천하 만물은 연결된 연기적 존재이며 무아무상이다. 다만 사람들은 서로를 다르게 인식하고 다른 믿음과 가치관을 가지고 자기 기준에 비추어 상대를 평가하기에 분별이 생기고 분쟁이 생긴다. 이해하고 사랑하는 마음은 고사하고 상대를 욕망의 대상으로 바라보는 마음을 낸다면 삶은 더욱 불행해진다. 내가 즐겁고자 남을 괴롭히는 것은 거친 꿈을 꾸는 것과 같다. 남녀노소를 불문하고 사람은 모두 어떤 차별도 받지 않고 존중받아야 한다. 붓다의 가르침은 심오한 인권존중의 사상을 담고 있다. 어느 누구 하나라도 귀히 여기지 않는 존재가 없다. 인간을 소비자로 착취의 대상으로 대상화하는 중독자본주의 시대는 물론 현대사회에도 붓다의 인간존중의 관점은 미래교육의 또 하나의 품격으로 우리를 돌아보고 성찰하게 하는 중요한 가르침이다.

"모든 괴로움과 얽매임은 잘 살펴보면 다 내 마음이 일으킨다."

어리석음과 사로잡힘에서 벗어난다면 중독의 사슬에서도 벗어날 수 있다. 연습하자.

1. 성적으로 남을 괴롭히지 마라. 인간을 도구나 수단으로 대하지 않고 존중한다.

2. 말로 남을 괴롭히지 마라. 거짓말, 욕설, 모함, 잡담, 명령조의 말들을 삼간다.

3. 술 먹고 취해서 남을 괴롭히지 마라. 술, 마약, 담배 등 중독물질에 물들지 마라.

4. 괴로움을 벗어나려면 욕망을 따르지도, 참지도 마라. 탐구할 뿐 치우치지 않는다.

5. 쾌락을 즐기고 싶다면 이후 돌아올 고통의 과보를 기꺼이 받아들인다.

7교시
영어시간

Core lesson 불안과 합리화

합리화는 자책감이나 죄책감에서 벗어나기 위하여 그것을 정당화하는 단지 번듯하고 뻔뻔한 방어기제로서의 핑계일 뿐이다. 나는 그래서 윤영웅 선생님이 정말 비굴하고 비겁하다고 생각했다.

영어시간은 늘 내가 읽거나 이해할 수 없는 생소함으로 걱정스럽고 초조해서 마음이 불편하고 안정되지 않았다. 무엇보다 큰 원인은 매일 보는 단어시험이었다. 그래서 소변이 급하다는 거짓말로 수업 도중 화장실을 수시로 들락거리며 긴장감을 해소했지만, 매일 영어수업시간마다 같은 패턴을 반복하며 영어는 힘들고 어렵다는 생각에 중독되었고 열등의식이 자라나 "나는 영어를 못한다"는 중독적 사고에 사로잡혀 영어공부를 단념하고 말았다.

단어시험 불안에 의한 반복행동과 중독			
➡(다시반복)	1. 촉발 원인	2. 행동	3.보상
영어수업시간	영어 단어시험을 못 볼까봐 불안하다. ➡	화장실로 피한다. ➡	불안이 일시적으로 사라진다.

학창시절 나의 경험은 교사가 된 이후 화장실을 수시로 들락거리는 아이들의 '불안' 심리를 먼저 읽고 위로하는 좋은 선생으로의 발전을 촉진했다. 그러나 여전히 영어 징크스에 대한

불안을 다루는 데는 미숙하다.

내가 안고 있던 불안은 영어단어를 외우지 않아 손바닥을 맞는다는 불안보다 문법 자체를 이해할 수 없어 영어에 대한 자율적 통제력이 없다는 무력감에서 오는 두려움이었다. 영어공부에 대한 '호기심'이란 '동기부여'가 되지 않아 귀와 눈과 마음을 닫아버렸더니, 아주 완벽하게 전국에서 꼴찌를 할 수 있었다.

우리 두뇌에는 다양한 기억에 의한 정보들이 기록되며 내 마음의 행복을 결정한다. 단 것은 좋고 쓴 것은 나쁘다, 매운 것은 맛있고, 밍밍한 것은 맛없다, 파란색은 좋고 빨간색은 싫다 등 매 순간 이분법적 판단과 기억에 의해 '좋다'라는 한 가지 생각에 집착하고 그것이 계기가 되어 행동하고 다시 반복하다 보면 자연스럽게 한 생각에 중독이 되어 자신과 불일치할 경우 좌절하며 불행에 빠진다. 미래를 부정적으로 예측하는 불안은 우리 두뇌의 디폴트모드 네트워크의 작용에서 비롯되는데, 명상을 통해 잠재울 수 있다는 것을 불안 심리학 분야의 세계적 권위자인 저드슨 브루어 박사(Judson Brewer)는 그의 저서 〈불안이라는 중독〉에서 다양한 사례로 이야기하고 있다. 불안은 코로나처럼 전염성을 지닌다. 단순히 불안한 사람과 이야기하는 것만으로도 두려움이 서린 그들의 말은 '사회적 전이(social contagion)'를 통해 우리의 불안을 자극한다고 한다. 대체로 학자들의 말은 맞는 것 같다. 영어시간마다 반복되는 단어시험과 영어선생님의 파워 넘치는 체벌은 아이들 모두의 두려움과 불안 그 자체였다. 그래서 영어도 못하면서 그 무시무시한 세월과 순간을 어떻게 버텼는지 궁금한가?

Object lesson **정면으로 도전했지. 대결했지. 폭발했지**

나는 영웅을 믿지 않아! 특히 덩치 큰 초인을 믿지 않지. 윤영웅 영어선생님은 옛날로 말하자면 천하장사에 장군감이었대. 그래서 집안 어른들이 어려서부터 귀하게 키우셨다며 어찌나 자기자랑을 늘어놓으시던지…. 그리고 그 천하장사는 매일 45분 수업 중 영어단어 시험과 체벌에 기어코 30분 이상을 소모하며 아이들 손바닥과 발바닥에 붉게 부어오르는 영웅의 흔적을 남겨 놓곤 했어. 세월의 흔적은 그 붉은 흔적들이 푸르딩딩하게 변색되는 과정으로 확인될 정도였지. 그래서 나는 영어시간이 정말 죽도록 싫었어. 방인숙 선생님이 출산휴가를 가시지만 않았더라면 얼마나 좋았을까? 방인숙 선생님은 매일매일 첫사랑 이야기도 해주고 (첫사랑이 참 다양한 사람과 패턴으로 이야기되는 것이 좀 이상했지만) 영어 속담에 얽힌 재미있는 이야기도 해주셔서 '잉글리쉬 천국'이었는데 말이지. 방인숙 선생님 출산이 임박하자 새로운 영어 선생님이 오셨는데, 그분이 바로 윤영웅 선생님이었던거지. 그런데 악연은 첫 시간부터 시작되었어. 우리 반 급훈이 '근면·성실·정직'이었는데 너무 멋없다고 영어로 다시 급훈을 만들어오

라는 숙제를 내셨던 거야. 그즈음 <
리더스 다이제스트>라는 작은 월간
교양잡지가 유행했는데 마침 책 속
에 '명언' 코너가 있었어. 내가 감동받
은 명언 중 하나는 미국의 속담이었
는데 "삶은 감자처럼 익을수록 부드러운
사람이 되라"라는 속뜻을 가진 "삶은 감자 같

은 사람이 되라(Be a soft man like a boiled potato)"였어. 그런데 그 말
이 윤영웅 선생님 자신을 감자 먹이는 말이라는 거야. 미국 속담이고 좋은
뜻을 가지고 있다고 설명했음에도 불구하고 막무가내로 나오라더니 문장
옆에 그려놓은 김이 솔솔 올라오는 접시 위에 쌓아올린 감자 그림이 더욱
싸가지 없다는 거야. 내가 자신을 감자로 그렸다면서 무조건 손바닥을 내
놓으라는 거야. 그래서 정말 억울하게 맞았거든.

　윤영웅 선생님 영어시간은 체벌이 규칙적으로 이루어진다는데 커다란
불안이 있었어. 시간표에 영어가 들어있는 날은 아이들 모두 아침부터 긴
장했어. 단죄는 항상 영웅 선생님 기준이었거든. 뭐든 선생님이 맞아야 할
이유를 대면 이유를 막론하고 무조건 맞았어. 그날의 희생양들이 돌아가
면서 다양하게 정해진다는 것이 아이들을 더욱 긴장하게 만들었지. 여자
들을 때리며 쾌감을 느꼈다는 샌드위치 백작이었나? 뭐 그런 사람도 생각
나기도 하고 말이지. 암튼 우린 여자애들이었고 윤영웅 선생님은 자신의
힘에 도취된 커다란 남자라는 것은 사실이니까.

　단순히 영어단어 시험에 대한 두려움과 체벌에 대한 불안만이 아니라
갈피를 잡을 수 없는 선생님의 분열적 자아도취와 체벌 뒤의 변태적 히죽

임은 과히 공포였고 결국 불합리한 권위에 대한 복종을 거부하며 윤영웅 선생님에게 정면으로 도전했지. 내가 아는 것, 그리고 우리 앞에 직면했던 윤영웅 선생님의 부당함은 단 한 치의 틀림도 없이 너무나 명확한 것이고, 친구들과 나의 분노야말로 너무나 당연한 것이라고 생각했어. 그렇게 합리화를 하고 나니 선생님에 대한 도발이 너무나 당당하고 떳떳하게 느껴지더라.

7교시가 다 끝나기도 전에 선생님은 우리 반 특별구역 1학년 화장실 청소를 하러 가라고 하셨어. 왜냐면 내일이 영어회화시범학교 연구수업 있는 날이라 교육청에서 손님들이 오시기에 오늘 청소시간은 교장선생님이 특별히 대청소를 지시하셨다는 거야. 그런데 아이들과 화장실 청소를 하러 가서 청소도구함을 열었는데 쥐 한 마리가 튀어 나오는 거야! 애들이 또다시 기절초풍하며 소리를 지르고 뛰어나가고 난리인 통에 화장실 특별구역 청소 지도 교사 윤영웅 선생님이 청소 감독을 하러 오신 거야.

"얘들이 쥐가 뭐가 무섭다고 난리야? 쥐 어디서 나왔어? 청소도구함에서 청소도구 모두 꺼내서 물청소해."

거역할 수 없는 선생님의 명령에 아직 놀란 가슴이 가라앉지 않은 아이들이 윤영웅 선생님에게 맞지 않으려고 재빨리 청소도구함으로 몰려가서 청소도구를 꺼내놓기 시작했는데….

악~~~.

세상에 태어나서 그토록 끔찍한 생체를 목격한 것은 그 순간이 처음이자 마지막이었어. 시커멓게 죽어있는 쥐의 사체 위에 구더기들이 하얗게 꿈틀거리며 쥐의 눈, 코, 입, 배, 허리 할 것 없이 몸 전체를 구멍 내고 기어 다니고 있는 것이 아니겠어? 쥐는 거의 반 정도는 뼈가 드러나 있는 반 백

골 상태로 정말 너무너무 끔찍했어. 나와 아이들은 두 번 다시 화장실에 돌아갈 수 없을 정도로 겁에 질려있었어. 그런데 잠시 정적을 깨고 윤영웅 선생님의 화난 목소리가 들려왔어.

"이것들아! 뭐가 무섭다고 난리야? 내일 장학사님들 오신다고 대청소하라고 했지? 오늘 화장실 청소 마무리하고 바닥 물기까지 마른걸레로 닦으라는 교장선생님 특별 지시도 있었다구!"

하지만 선생님의 화난 목소리보다 쥐가 더 끔찍하게 무서웠던 아이들은 화장실 밖에서 서로 팔짱을 끼거나 부둥켜안고 꼼짝하지 않고 서 있었어. 윤영웅 선생님은 자신이 아이들을 통제하지 못하고 있다고 느꼈는지 진짜 <지킬박사와 하이드>에서 폭력적인 하이드가 지나가는 행인을 잔혹하게 죽이던 광기로 봉걸레 자루를 무릎으로 탁 쳐서 분질러 잡고 우리를 향해서 질주했어. 그런데 참 이상하지? 그 광경을 바라보고 있는 아이들 그 누구도 단 한 발짝도 움직이지 않고 찍소리도 내지 못했다는 거야. 선생님의 순간적인 광기어린 행동에 완전 압도당했던 걸까? 아니면 곧 닥칠 운명을 감지했던 걸까?

"이것들이 청소하라니까 그깟 죽은 쥐새끼 한 마리가 무서워서 선생 지시를 거부해? 내일 장학사들 온다고 했어, 안 했어? 응? 횡렬종대로 서! 여기 청소 반장 누구야? 얼른 애들 줄 못 세워?"

그때 청소 반장이라는 말에 정신이 번쩍 든 내가 애들을 향해 말했어.

"얘들아, 얼른얼른 횡렬종대. 옆으로 반 팔 벌려 서."

아이들도 그때서야 정신이 들었는지 일사불란하게 옆으로 반팔을 벌려 선생님 앞에 늘어섰어.

"내가 너네들 미워서 때리는 게 아니라, 이럴 때 쥐새끼 하나 때문에 정신 못 차리면 전쟁 나가면 다 죽는다는 것을 알려주기 위해 때리는 거야! 그리고 어른들 말씀에 불복하고 니들 맘대로 하는 것이 얼마나 버르장머리 없는 짓이고 어떤 대가를 받게 되는 것인지를 가르치려고 때리는 거니까 이 악물어! 그리고 맞은 사람은 바로 화장실로 들어가서 쥐부터 치우고 청소하고 검사받아야지 집에 보내줄 거야."

윤영웅 선생님이 말씀을 마쳤나 싶었는데 청소반장이라고 제일 끝에 서 있던 내 볼에 다시 과학시간처럼 싸대기가 날아왔어. 어이가 없어서 눈물이 퍽 떨어지더라. 그렇게 한 대씩 10명의 화장실 청소 당번들이 차례차례 맞고 다시 반대편 끝에서부터 차례차례 퍽퍽퍽 때려오는데, 과학시간에 정신을 잃을 정도로 맞았던 분노가 더해지며 윤영웅 선생님의 부당함에 치가 떨려 오더라고. 이미 그때 나는 열세 살 중학교 1학년 소녀 금은형이 아니었어. 마치 나라를 지키려고 불의에 맞서 의연히 일어난 유관순 열사나 잔 다르크처럼 친구들을 보호하기 위해 강적과 맞서 싸우려고 갑옷을 입은 여전사가 되어있었지. 하지만 선생님이 나의 변화된 기세를 알아챌 리가 없었지. 곧이어 선생님이 내 볼을 향해 다시 손을 들자 나는 선생님 손목을 턱 잡으며 단호하면서도 도발적인 말투로 말했어.

"그만하세요! 선생님이면 선생님답게 행동하세요. 그까짓 일로 아이들 함부로 때리지 말고. 쥐는 제가 치울께요."

놀랍도록 침착하고 차분하게 아랫사람 대하듯 힘을 주어 말하는 내게 손목을 잡힌 채 선생님의 동공이 어마무시하게 확장되던 순간은 아직도 또렷해. 선생님은 뭔가 말을 하려다가 어물어물하더니 그냥 손을 내려놨고,

"다 너네들 잘되라고 그런 거야. 쥐부터 치우고 청소하고 집에 가"하더니 이내 사라지셨어.

사실 선생님이 자신의 행동을 미화하기 위해 어떤 논리로 자신을 합리화한다고 해도 선생님이 자신의 감정조절에 실패해서 학생들을 때렸다는 팩트는 변하지 않아. 세상에 숱한 역사적 스토리가 전해져 내려오지만, 그중 단 하나의 이야기만 진실이라는 것은 너무 뻔한 이야기잖아? 합리화는 단지 번듯하고 뻔뻔한 핑계일 뿐이야.

윤영웅 선생님은 처벌을 위해 힘을 사용하면 적대감이 동반됨은 물론 상대방의 거부감을 강화하며 반격을 당할 수 있다는 사실을 상상도 못 하셨던 것이지. 정치권력이 아무리 세력을 규합해서 권력을 장악했다 해도 국민의 지지를 받지 못한다면 권력은 물거품이 되고 말아. 그게 진실이야. 우리도 사실은 끊임없이 움직이고 있는 물거품 같은 양자라고 하잖아? 시간과 공간도 마찬가지로 그래서 환상이고…. 그런데 우린 그 허상을 잡고 나 잘났다는 자만심과 나는 이렇게 대단한 사람이라는 아만심에 사로잡혀 우습게 살아가는 거지. 이미 부처님이 무아(無我)를 설하셨는데도 말이지. 그래서 삶을 깨우치는 도(道)로서의 교육과 일상에서의 수행이 절실한 시대인 거야. 아무리 거대한 거품도 금세 꺼지기 마련이란 걸 통찰력 있는 사람이라면 다 보고 다 알고 있는 것이지.

아무리 선생님이 우리를 위해 체벌을 하는 것이라고 합리화를 했지만, 윤영웅 선생님은 자기 세계에 빠져 있는 사람들이 하나는 알고 둘을 모르는 무지로 자신과 세상 사람들의 삶을 파괴시키기도 한다는 사실을 간과하고 있었던 거야. 자신들의 합리화가 어떤 거짓에 기반해 있는 것인지 돌아보지 않고, 성찰하지 않고 말이지. 그런데 우린 그런 폭력적인 합리화와 부조리한 합리화가 나름 일리가 있다는 생각에 중독된 채 살아가고, 그로 인해 폭력을 당한 피해자는 자신의 무능함에 중독적 사고에 빠져들며 또

폭력을 합리화하는 중독자로 살아가고…. 무지함이란 그토록 무서운 거야. 아마도 그래서 공부하다 죽으라고 혜암 스님이 늘 주장하셨는지도 모르겠어. 무지로부터 깨어있는 삶.

처벌은 세상 어떤 관계라도 존중감과 자존감을 해치게 마련이야. 부드러운 말과 상냥하고 따뜻한 미소, 사랑과 감사, 기도와 감동으로 나누는 포옹과 나눔만이 그와 우리, 세계와 나를 변화시킬 수 있다는 것은 어쩌면 정답, 또는 진리일 거야. 그래서 우린 만나야 해! 결국 시공의 마주침에서 비롯되는 관계에서 존재가 탄생한다니까 말이지. 인어공주도 결국 왕자와 못 만나서 물거품 된 거 기억해? ㅎㅎㅎ.

Big lesson 마음챙김(mindfulness)

저드슨 브루어(Judson Brewer) 박사는 〈불안이라는 중독〉에서 '마음챙김'의 효과를 바탕으로 불안 중독으로 무너진 삶을 회복하고 새로운 습관을 만드는 방법을 소개한다. 그는 불교식 명상 수행을 통해 자신의 두려움을 직시하며 이해하고 호기심을 발동시켜 새로운 생각 연습을 하고 수행처럼 반복적으로 훈련하면서 내면화시키는 것으로 불안으로부터 자유로워지는 길을 제안하고 있다. 그는 중독, 자아상, 욕망의 속성에 관한 현대 심리학과 불교 이론의 연결고리를 발견하고 중독 치료부터 습관 개선에 이르기까지 연구를 거듭해왔고, 디지털 메타버스 시대 중독적 사회시스템 안에서의 주체적이고 자유로운 인간됨의 삶을 위한 중독 예방교육에 있어서 수행적 교육의 변환이 가지는 의미에 대해 다음과 같은 연구결과로 말해준다.

"저드슨 브루어 연구팀은 fMRI 장비를 이용하여 명상하는 뇌와 몰입과 자비(이타적 사랑)를 경험하는 뇌를 촬영한 결과, '디폴트 모드 네트워크(default mode network)'라고 불리는 '나 자신'에 관한 잡념에 빠져들 때 활성화되는 뇌 부위들이 잠잠해진다는 것을 알게 되었다."

이런 결과들은 강박적인 중독과 달리 명상과 예술에 대한 몰입, 봉사와 헌신의 기쁨 등이 미래 교육의 발전방향임을 말해준다. 붓다의 삶과 가르침 자체가 디지털 메타버스 시대의 명확한 미래교육 비전이라고 할 수 있는 것이다.

저드슨 브루어는 욕망, 자아상, 중독의 본질적인 질문에 대해 불교 이론과 현대 심리학, 신경생물학이 밝힌 사실들에서 공통점을 찾아냈다.

"매 순간의 경험에 특정한 방식으로 주의를 기울이는 것."

'마음챙김'은 고대 불교의 명상수련법에서 유래한 개념이지만, 저드슨 브루어 박사 등의 노력으로 종교적 의미를 벗어나 심리학과 의학적 관점에서 중요하게 다루어지는 개념이 되었다. 마음챙김은 자신의 마음 작용을 관찰하는 불교의 수행법처럼 관찰자로서 자신을 지켜보는 것이 중요한 과정이다. 우

리 마음의 계기- 행동 -보상이 반복되는 메커니즘은 인류가
생존을 위해 오랫동안 익혀온 학습 방식이다.

알코올은 삶의 위로가 되고 맛있다는 생각에 중독되어 강박
적으로 알코올을 마시게 되면 알코올중독자가 된다. 바로 그
런 자신을 명료한 객관적 관찰자의 눈으로 바라보는 것이다.
불교적 표현으로는 알아차림이며 깨우침이다.

계기		행동		보상	
음식을 발견한다.	⟶	먹는다.	⟶	기분이 좋아진다.	⟶

붓다가 말씀하시길 괴로움이 없는 자유로운 사람이 되려면
지혜로운 통찰력을 가지고 전모를 파악하고, 선정에 들어 마
음을 고요히 한 가운데 일어나고 사라지는 마음을 알아차리
고, 욕망이나 감정과 시비에 사로잡히는 중독적 행동을 스스
로 제어하고 하지 않는 행을 스스로 행하라고 하신 말씀 자체
가 중독적 삶으로부터 해방되어 삶의 주인이 되는 길이다.

알아차림은 우리가 특정한 행동을 무심코 반복할 때 어떤
일이 벌어지는가를 명료하게 보고, 각성의 과정을 거치는 것.
연습을 거듭할수록 우리 자신의 행동이 어떤 결과를 낳는지가
점점 더 명료하게 보인다. 저드슨 브루어는 이 같은 마음 챙김
의 방법을 니코틴중독 치료를 위한 임상실험에 적용하여 표준
치료법에 비해 2배 높은 금연 성공률을 보였다. 저드슨 브루어
는 '마음챙김'을 심각한 중독뿐 아니라 SNS에 대한 집착, 주관

BIG

BROTHER

적인 편견 해소 같은 증상에도 적용하여 성과를 얻고 있다. 불교가 미래교육이 될 수 있는 과학적 사례라고 할 수 있다.

명상가들은 자신의 경험들을 알아차리고 그것에 사로잡히지 않도록 스스로를 훈련한다. 사고나 감정을 있는 그대로 바라볼 뿐, 그것을 '나만의 일'로 받아들이거나 그것에 휘둘리지 않는다. 이 같은 연습을 반복한다면 우리는 어느 때나, 어느 장소에서나 평온한 상태로 몰입할 수 있게 된다. 이것이 바로 우리가 그토록 원하는 '행복'이다.

중독 물질에 의한 즉각적 보상이 아닌 괴로움을 소멸한, 너와 나의 경계도, 옳고 그름의 경계도 없는, 다만 그때그때 상황에 따라 적절히 변화하면서 자신의 정체성과 라이프스타일을 끊임없이 새롭게 디자인하면서 물들지 않는 존재로 살아가는 삶의 태도를 꾸준히 정진해나가는 것이 곧 괴로움 없이 자유로운 행복한 사람의 완성이다. 붓다의 해탈이야말로 행복한 사람의 완성이었다. 우리가 원하는 것도 나와 자녀의 행복한 삶이 아닌가?

윤영웅 선생님이 우리에게 안겨준 불안과 두려움에 분노한 것도 어쩌면 선생님을 비난하고 판단하는 우리의 중독적 생각 속에 있었는지도 모른다. 어떻게 해도 날 인정하고 칭찬하고 다독이지 않고 체벌까지 일삼으니 그가 싫었던 거다. 처벌은 서로 간 호의와 자존감을 해친다. 오히려 스스로의 마음을 챙기고 들여다보고 자신 안으로 돌이켜서 한 생각 바꾸는 것이 더 논리적인 답일 수 있다.

　과학을 한다는 것은 하루하루 자신의 한계와 씨름하며 알지 못하는 수많은 것들과 수많은 일과 대결하는 것을 의미한다는 카를로 로벨리의 말도 매일매일 꾸준히 과학으로서 수행 정진한다는 말과 다르지 않음을 이제 알 것 같다. 공부와 학습이란 자발적으로 꾸준히 행할 때 최대의 학습 효과가 나오기 마련이다. 물리학이 철학이라는 말과 불교는 과학이라는 말이 일맥상통하는 말이라는 것을 이제 조금 이해할 수 있을 것 같다. 그래서 과학기술이 이끄는 현대사회의 교육 방향은 수행적 삶으로 깨어있는 삶이다. 디지털 메타버스 시스템의 LSD 환상 안에 갇혀있는 자신을 관찰하며 환상에 사로잡혀 휘둘리지 않고 눈뜬 깨인 자로 주체적 삶을 살아갈 수 있는 비평적 미디어 리터러시 교육이 중요하다. 또한 텃밭의 흙과 생명이 손끝과 혀끝에 직접 전해주는 생기를 삶의 현실 감각으로 교육해야 한다. 그리고 무엇보다 아이들 스스로 배움을 자발적으로 행해나가는 수행적 자세와 태도를 가정에서 부모가 먼저 솔선수범해서 행해 나가야 한다. 수행적 삶은 부모가 먼저 행하지만 삶을 깨치는 것은 아이들이 먼저인지라 부모의 가르침 없이도 그들 스스로 든든하게 성장한다는 것을 확인할 수 있을 것이다.

수행은 팔정도(八正道)를 연습하는 것이다.

괴로움이 없고 자유로운 사람이 되는 데 장애가 되는 것은 마땅히 행하지 않는다.

1. 정견/ 깨어있으라. 전모를 살펴라.

2. 정사유/ 원인이 있을 때는 결과가 있음을 알라.

3. 정어/ 감정에 치우치지 말라.

4. 정업/ 감정에 치우쳐 행동하지 말라.

5. 정명/ 세상에 도움이 되는 직업을 가져라.

6. 정정진/ 꾸준히 연습하라.

7. 정념/ 분명히 알아차려라.

8. 정정/ 편안한 가운데, 오롯이 집중하라.

9. 지혜/ 평점심으로 대상의 성질을 알아채고 무상, 고, 무아를 체험해야지 지혜라고 할 수 있다.

10. 목표/ 자유와 행복, 해탈과 열반을 향해 팔정도를 꾸준히 연습하라.

중독적 사고를 하는 당신을 위한 새로운 문법

1. 말이란 신뢰를 바탕으로 하며 믿을 수 있어야한다. 당신의 말은 신뢰할 만한가?

2. 어떠한 경우에도 최소한 거짓말과 욕설로 남을 괴롭히는 폭력적인 말은 하지 않는다.

3. 말은 어떻게 해야 하는가?

- 사실을 사실대로 말하라. —≫ 거짓말을 하지 마라.

- 부드럽게 말하라. —≫ 욕설하지 마라.

- 사실을 말하라. —≫ 모함하는 말을 하지 마라.

- 필요한 말을 하라. —≫ 잡담하지 마라.

- 알리는 말을 하라. —≫ 강요나 명령하는 말을 하지 마라.

누구든 지켜야 할 최소한의 가치 오계(五戒)

1. 생명 존중

2. 재산 보호

3. 인권 존중

4. 바른 언어

5. 중독 깨기

고락의 뿌리는 욕망이다. 중독의 뿌리도 욕망이다.

욕망으로부터 자유로워지면 고락은 사라진다. 욕망을 다만 욕망인 줄 알아차리고 그것을 지켜보고 사라짐을 알아차리면, 집착에서 놓여나고 괴로움에서 벗어날 수 있다.

중독으로부터 자유로워지면 고락은 사라진다. 중독을 다만 중독인 줄 알아차리고 그것을 지켜보고 사라짐을 알아차리면, 집착에서 놓여나면 중독의 지배로부터 벗어날 수 있다.

청소시간
하교, 다시 외로운 불안 속으로

Core lesson 거짓말

사실이 아닌 것을 사실인 것처럼 꾸며대어 말을 함. 또는 그런 말.

Object lesson 하교, 다시 자취방의 외로운 불안 속으로

영선, 영미와 집으로 돌아오는 하굣길…. 재수 없게 영미네 집 근처 슈퍼 앞에서 자전거를 타고 우리를 쫓아온 바바리맨까지 만났지 뭐야. 진짜 '수의 수요일!' 망치로 골 때리듯 황당한 일이 많아도 너무 많은 하루였어. 하지만 나는 더 어두워지기 전에 뛰어야 해! 어두워지기 시작할 때 교도소 콩밭 언덕길에서 죄수 아저씨들을 만나면 정말 무섭거든. 그런데 딱 걸렸어! 푸른 빛 죄수복조차 오늘은 어둠 때문인지 쥐색처럼 보이더라? 그런데 왠지 그 순간 오늘 처음으로 배가 고프다는 생각이 들었어.

1979년은 순수 인간의 시대였고, 그래서 순수 사춘기 청소년답게 무척 배가 고팠어. 점심시간에 각설이 타령을 너무 많이 불렀나 봐. 그나저나 아침에 도시락 싸면서 달그락거렸던 부엌의 쥐는 어찌 되었을까? 주인집 아줌마가 어제 멸치로 쥐약을 버무려서 놓았다고 했는데…. 집에 도착하기도 전부터 왠지 구토가 꾸역꾸역 올라오는 느낌이야! 아휴 제발 죽지만 말아라! 학교 쥐처럼 제발 내 앞에 나오지만 말고 우주가 다시 폭발하는 2차 빅뱅의 그날까지 달그락거려도 좋으니 제발 죽지만 말고 썩지만 말고 구더기만 생기지 말고 내 앞에 나타나지만 말아라! 그렇게 기도하면서 자

취 집 대문으로 들어섰어. 그런데 쥐가 문제가 아니라 무슨 일인지 언니가 먼저 집에 와 있잖아? 갑자기 가슴이 두방망이질을 하면서 내가 뭐 잘못한 일은 없나? 생각하며 허둥대기 시작할 때 언니가 먼저 말했어.

"학교 잘 갔다 왔니? 너네 학교는 시험 안 보니? 언니네 학교는 오늘부터 시험 시작이라 일찍 왔어."

"어? 엉…. 우린 내일 학교에 장학사가 와서 영어시간에 영어 말하기 하는 것 보고 간대."

"그래? 영어단어 시험 오늘도 봤어? 그런데 왜 지난번 성적표는 안 가져오니?"

"어? 아니, 영어 선생님 오늘 출장 가서 단어 시험 안 봤어. 그리고 성적표는 다음에 주신대."

"그래? 은형아, 방에 들어오기 전에 연탄불 좀 갈고 들어올래?"

"어? 연탄불? 아침에 아궁이 옆에서 쥐 달그락거리는 소리 들렸는데?"

"아줌마가 오늘 낮에 쥐약 먹은 쥐 집게로 주워서 변소에 버렸대. 이제 괜찮을 거야."

"엉? 어…. 그래도 뭔가 달그락거리는 소리가 나는 것 같은데… .오늘 학교에서…."

"연탄불 꺼지면 이번 주 용돈 부족해서 번개탄 살 돈도 없어! 그냥 얼른 갈고 들어와!"

"어… 응…."

난 좀 얼이 빠져 있었던 걸까? 청소시간에 기세 좋게 윤영웅 선생님한테 도발하던 초인적 힘은 모두 사라져버리고 언니와의 의사소통도 쉽지 않을 정도로 힘이 빠져 있었어. 연탄 갈고 교복 갈아입고 밥 먹고 나면 괜찮아질 거라고 생각하며 연탄집게를 집어 들고 두꺼비집을 열었지. 아직 불이 남은 위쪽 연탄을 바닥에 꺼내놓고 다 타버린 연탄재를 들어내고 처음 꺼낸 불이 남은 연탄을 들어서 다시 집어 넣는 찰나! 도대체 어디서 나왔을까? 피 흘리는 쥐가 숨을 헐떡거리며 꾸역꾸역 내 쪽으로 기어오고 있는 것이 아니겠어? 아악~~~. 나는 그만 연탄집게를 손에서 떨어트리고 그대로 대문 밖까지 비명을 지르며 뛰쳐나갔어! 불씨가 남았던 연탄은 박살이 났고, 언니는 돌발적인 상황에 화가 나서 내 보물 1호였던 바비 인형을 방바닥에 집어 던져서 다리를 부러트리고. 자취방의 외로운 불안 속으로 간신히 걸어 들어간 내 마음속 걸음도 여지없이 휘청거리며 두 다리가 부러져서 울었어. 엄마, 아버지가 계신 고향 쪽 밤하늘을 하염없이 바라보며 부러진 인형 다리를 검정 고무줄로 칭칭 감아 가슴에 안은 채 그렇게 밤을 새워 흐느껴 울었어. 까맣고 막막했던 밤하늘과 가혹하게 외로웠던 나와 컹컹컹 짖어대는 옆집 강아지와 함께…. 정말 열네 살 아이에겐 너무나도 가혹했던 하루였어. 또 다시 이런 날은 없을 거라고 스스로 자신을 아무리 달래 보아도 서러운 마음은 새벽이 올 때까지도 달래지지가 않더라. 누구에도 닿을 수 없었던 광활하고 까만 밤하늘의 절절한 외로움과 고독이 열세 살 어린 내 가슴 속을 후벼 파며 파고 들어오는 것을 처음으로 느꼈어.

외로움의 쓴맛을 알게 된 생애 첫날!

Big lesson 어느 한 곳에도 물들지 않는
도리도리 밸런스의 삶의 지향

하루에 여러 가지 일을 처리해야만 하는 바쁜 생활에 익숙해진다는 것은 스트레스와 불안, 조급증을 남긴다. 우리의 정신과 마음이 여러 곳으로 흩어진 상태에 익숙해진다는 것은 자신을 통제하고 집중해서 몰입하는 방법을 잊게 된다는 것과 같다. 즉각적인 판단을 강요받는 시대, 단기적 사고와 좁은 시야에 갇혀 잘못된 결정을 내리는 위험 또한 중독의 패턴과 같다. 우리의 주의력과 집중력을 조각내는 IT기술의 힘이 점점 더 강해지는 세상에서는 '생각중독'과 중독으로 비롯되는 '중독적 사고'는 더욱 강화된다.

진짜와 가짜를 구분하기 어려운 메타버스 시대에서 인간의 고유한 삶을 지켜나간다는 것 자체가 깨달음을 향한 수행과 같다. 그리고 그러한 수행적 안목에 의해 전모를 한 번에 보는 통찰력을 키워야 아이들은 디지털 메타버스 내에서 자존감을 지키며 살아갈 수 있다. 남의 아이 이야기가 아니라 바로 우리 자녀들의 이야기고, 내 학생들의 이야기고, 학생들 본인들의 이야기다. 그리고 우리 기성세대들의 삶의 이야기이기도 하다.

디지털 기반의 삶 한가운데서도 마음의 힘을 지키고 회복할 힘을 길러줄 수 있는 것은 무엇보다 꾸준한 수행적 삶으로부터 오는 배움이며 앎이고 그것을 나눠가는 사람들과의 연결과 공감이다.

가끔 과학기술문명의 발전을 옹호하는 사람들의 태도가 너무 반듯하고 너무 명확해서 당황스러울 때가 많다. 지나친 자기 확신이라고 해야 할까? 우리는 과학기술문명 발전에 의해 변화되는 인간의 긍정적인 미래를 꿈꾸는 걸까? 아니면 부자로 잘 먹고 잘사는 폼나는 자기만의 환상적 삶을 꿈꾸는 걸까? 토비 월시(toby wilsey)가 그의 저서 〈2062 호모사피엔스의 멸종 우리는 어디로 가야 하나〉에서 호모사피엔스보다 호모 디지털리스가 더 윤리적이어야 한다고 했던 것처럼 디지털 플랫폼의 중독적 착취구조의 도덕성에 대해 상업 윤리적 관점에서만이라도 다시 점검해야 하는 시대가 온 것이다. 세계가 모두 연결되어 있다는 것은 이제 상식이다. 단 한 국가, 한 개인의 문제로 바라볼 수 있는 문제가 그 무엇도 없다는 것을 불교의 연기론이 아니라도 모두 알게 된 시대다. 혼자 사는 시대는 끝났다. 네가 죽으면 나도 죽고 네가 살면 나도 사는 거대 공동체의 시대다. 그럼에도 불구하고 사리사욕을 내세우며 역사의 방향을 퇴행시키는 사람들은 자신들의 무지가 세계사에 어떤 결과를 가져오게 될지를 예측하지 못한다. 지금 당장 달고 맛있는 음식이 가득하니 타자의 삶은 나와 상관없는 것이다. 하지만 화살의 과녁은 정확하게 가족의 평안과 행복에만 몰입하며 이웃의 불행을 외면하는 당신을 향해 정조준되어 있다. 인과의 법칙은 정확하다. 결국 과보는 내게 돌아온다.

이것이 바로 책임의 문제다. 스스로의 삶을 책임지며 주체적으로 살아간다는 것은 어쩌면 인연과보를 명확히 알고 두 번째 화살을 맞지 않기 위해 수행정진하는 삶을 말하는 것인지도 모른다. 이제 세계는 부모라도 자식을 지켜주지 못하는 세계로 달려가고 있다. 아이라 할지라도 자신의 삶을 자신이 지켜내야 한다. 디지털 메타버스에서 넘어진 아바타를 자식이라고 부모가 일으켜 세울 수가 없다. 우리 아이들이 올라탄 디지털 메타버스에서는 오로지 알고리즘과 IT기업 CEO들만이 신적 존재가 되어 인간을 통제한다.

디지털 윤리는 모든 생명의 무게는 같다는 생명존중사상에서부터 다시 구조화되고 디지털 메타버스의 수평적 세계관에 대응하는 인권중심 윤리관 또한 새롭게 구조화되어야 한다. 남녀노소를 구분할 수 없는 세계이기 때문이다. 디지털 메타버스 내에서 성구분과 성차별이라는 것이 성립될 수 있을까? 여자인 내가 아바타 스킨을 남자로 선택해서 꾸민다고 해서 남자가 되진 않는다. 그러나 감정이입의 문제는 또 다른 문제다. 만약 디지털 메타버스가 환상이고 몽상이고 꿈과 같은 정신작용의 일부라는 것을 자각하지 못한다면 성정체성의 혼란은 물론이고 우리 자신의 나이와 국적과 사회적 포지션까지도 모두 짬뽕이 된다. 꿈속에선 내가 대한민국 사람이라거나 죽은 사람이라거나 남자거나 여자거나 구분할 수 없는 것과 같다. 디지털 데이터의 속성 또한 본질적으로는 양자역학의 논리처럼 수평적 펼침 속에 계속 존재할 뿐 시간의 위계를 따질 수 없다. 그냥 사고에 꽂힌 역사서처럼 우리 존재도 아바타로 불생불멸의 데이터로 남는다. 유튜브는 어떤가? 기록물에 날짜를 기록하는 것은 어쩌면 그래서 유의미하다. 역사조차도 데이터 조작에 의해 달라질 수 있다. 한 개인의 생애를 조작하는 것 또한 작정만 하면 가능하지 않은가? 페이스북이 피드 조작으로 자사의 이권을 챙긴 일 또한 조작된 삶의 가능성을 말해준다. 그래서 이제 교육은 글로벌 IT 공룡기업들의 중독적 자본주의에 의한 독식과 독점을 막고 개인의 삶이 권력에 휘둘리지 않는 세계관을 가진 인재 육성에 집중해야 한다.

무엇보다 검소한 삶과 겸손한 자세, 고요한 마음을 기반으로 인습과 제도에 의한 '생각의 중독'과 '중독적 사고'가 아닌 인권존중 기반의 혁신적인 현대사회 윤리로 새로운 시대를 열어야 한다.

돈으로 상품을 사지 않아도 자급자족적으로 살아갈 수 있는 자율적이고 독립적인 주체로서의 성장과 공동체 형성은 미래 인류 생존의 관건이다. 돈을 많이 벌어 부자가 돼서 삶의 자율성을 갖는 것이 아니라 서로 나눠 먹을 수 있는 무주상보시의 삶의 태도를 가진 사람들과 친구, 지인이 되어 살아가는 지혜를 가르치는 것이 미래 인류의 생존을 담보하는 더욱 큰 스케일의 교육방향일 수 있다.

지금 이 순간에 접하는 존재나 대상을 있는 그대로 볼 수 있는 불교적 통찰력과 직관력을 키워주며 편파적 생각에 구속되지 않고 자유로운, 스스로도 자족적으로 행복한 삶을 살아가는 삶의 지혜를 교육한다면 결국 우리는 애정결핍과 의존으로 시작되는 다양한 중독의 유혹으로부터 자유로운 행복한 사람이 될 것이다. 어느 한 곳에도 물들지 않는 단동십훈 도리도리의 왼쪽 오른쪽 전방위의 균형 잡힌 삶의 지향은 곧 미래교육의 방향이자 우리 삶의 방향이다. 바로 이런 비전을 향해 가는 교육방법은 이제 학습자 스스로 매일매일 쉬지 않고 자발적으로 기도하고 명상하고 공부해나가는 '마음공부와 수행'으로 변환되어야 한다.

오늘 아침은 "억울함을 수행의 문으로 삼으라"라는 〈보왕삼매론(寶王三昧論)〉의 말씀이 새삼 큰 힘을 준다. 어려움을 극복하는 과정을 수행의 목표로 삼고 이겨나가는 수행자처럼 오늘 새벽도 2시에 깨어 스스로 선택한 길을 한 치의 후회와 흔들림도 없이 성실하게 걸어 나간다.

교육이 수행적 관점으로 바뀌어야 하는 이유는 바로 학습자 스스로 자발적인 태도로 배움에 임하는 자세의 전환이 교육의 요체임과 동시에 그것이 바로 교육의 목표이기 때문이다. 불법의 수행적 교육을 통해 사유의 조합을 달리하고 사고의 훈련을 다시 한다는 것은 결국 무아와 무상으로 스스로 사고방식의 방향을 자유자재로 달리하는 것을 말한다. IT기술에 묶이지 않고 인간을 살리는 상상력과 예술과 창조성의 비밀이 바로 이런 사고방식의 전환에 있다. 그리고 그 지혜가 바로 불법의 무아와 무주상보시로서의 사유체계의 전환이다.

> 스스로 자발적 자기선택에 의한 삶으로 과보도 기꺼이 책임지는 독자적 스타일!
> 스스로 자족하는 앎과 삶으로 더불어 디자인해가는 평등하고 품격 있는 사회!
> 스스로 자발적 선택에 의한 배움과 나눔으로 수행 정진하는 거침없는 자유로움!
> ─ 법륜 스님 강의 변주

이렇듯 의존하지 않고 스스로 자족적인 우리 아이들의 미래는 중독적 상품주의 사회에도 휘둘리지 않고 디지털 포르노의 유혹에 깨어있어 쾌락이 아닌 진정한 사랑을 배워가고 약물의 즉각적 보상이나 알코올과 음식의 단짠지(달고 짜고 지방덩어리)의 쾌락 보상쯤은 우습게 눈 질끈 감고 참아낼 수 있는 든든함으로 성장해 나갈 것이다.

행복을 바라고 갈구하는 마음이 의존적인 마음이다. 행복을 갈구하는 한 평화는 없다. 갈구하는 한 넉넉함은 없다. 갈망하고 갈구하는 이유는 내게 현재 무엇이 있는지를 모르기 때문이다. 없는 것을 갈망하기 전에 내게 있는 것을 먼저 봐라. 보면 이미 있다. 이것이 자족이며 불교의 해탈의 개념이다. 생각으로 구하는 한 있는 것은 없고 없는 것만 있다. 그러나 지금 이 순간을 보면 없는 것이 없다. 이것이 자족이다.

모기와 파리와 새와 고양이도 자족하며 산다. 긴 것은 긴 것대로 부족한 것이 없고, 짧으면 짧은 대로 부족한 것이 없다고 선인들은 말씀하셨다. 실재에 있어서는 부족한 것이 없는데 다만 우리 생각이 만족할 줄을 모를 뿐임에 깨어있는 훈련이 바로 수행이다. 그래서 교육이 수행으로 전환되면 자족하게 되고 의존심이 사라져 중독적 사고와 행동패턴이 사라진다. 중독은 이제 전 인류가 빠져나와야 할 미래 인류의 해결과제가 되었다.

빅데이터 AI 알고리즘의 중독적 상품자본주의 시대를 살아나가는 행복한 사람의 지혜란 매일매일 꾸준한 수행으로 깨어있으면서 습관에 의한 기계적 삶으로부터 내 삶의 주인이 되는 것이다.

디지털 메타버스의 꿈속의 허구가 아닌, 인간세상의 참말을 하는 사람이 되는 것이다.

중독 깨기 | lesson 10. 사진과 카메라로 읽고 생각하며 중독 깨기

2005년부터 2011년까지 대전문화예술교육연구회를 만들어 끌면서 사진분야 문화예술교육 <카메라로 읽고 생각하기> 연구에 주력하였다. <카메라로 읽고 생각하기>는 우리 시선의 방향이면서 생각중독의 결과인 그 어떤 관점도 배제한 사진 찍기를 목표한 문화예술교육프로그램으로 찍은 사진을 보고 리뷰하면서 자신의 시선과 관점을 확인하는 문화예술교육이었다. 대전문화예술교육연구회 사진문화예술교육팀장 임민수 작가가 프로그램을 디자인했고 연구회의 지속적인 연구로 다양한 사례를 만들어가며 더욱 심화시켜 교육적 성과를 얻을 수 있었다. <카메라로 읽고 생각하기> 진행방식은 다음과 같은데 가족들이 함께 주말에 쇼핑센터에 가거나 야외에 나가서도 손쉽게 스마트폰을 이용하여 우리 사고의 작동방식을 확인해 볼 수 있고, 우리가 얼마나 많은 생각중독적 고정관념에 의해 습관적으로 생각하고 행동하며 살아가고 있는지를 깊이 성찰하게 해주는 좋은 교육프로그램이다.

<카메라로 읽고 생각하기>

교육목표: 주관적 시선을 배제한 사진찍기로 자신의 습관적 보는 방식을 성찰한다.

1. 사진 찍기.

2. 찍은 사진 보고 이야기하기.

3. 찍은 사진 보고 글쓰기.

4. 찍은 사진을 이용한 통합수업.

5. 찍은 사진을 통해 나의 시선 성찰하기.

6. 카메라로 생각하고 글쓰기.

<카메라로 읽고 생각하기>와는 또 다른 사진 찍기 방법으로 <카메라로 펼친 천 개의 눈, 천 개의 이미지>라는 프로그램도 진행했는데, 이는 <카메라로 읽고 생각하기>와 달리 오히려 다양한 관점으로 세계를 바라보면서 자신의 시선을 확인하는 프로그램이었다. 두 프로그램 모두 궁극적인 목표는 새로운 사유와 성찰이라는 지향점은 같다. 결국 수많은 관점으로 세계를 바라본다는 것은 특정한 관점을 갖고 있지 않다는 것과 같은 말이기 때문이다.

<카메라로 펼친 천 개의 눈, 천 개의 이미지>

교육목표: 우리의 지각과 인식 체제의 한계를 깨닫고 고정된 관점을 성찰하고 극복한다.

1. 생각 없이 카메라를 들고 천천히 걷는다.

2. 보고 생각하도록 강제하는 이미지들과 맞닥뜨린다.

3. 각 분야의 전문가(스님, 시인, 인류학자 등)를 초청하여 그들이 바라보는 세계를 보는 관점을 강의로 듣는다.

4. 전문가의 관점을 숙지하고 그들이 세상을 바라보는 방식대로 참가자들도 사진을 찍는다.

5. 카메라를 들고 걷는 동안, 그동안 익숙하고 자연스러워 보였던 사물이 다른 관점으로 바라보면 전혀 다른 의미로 다가온다는 것을 확인한다.

6. 참가자들이 먼저 전문가의 관점에서 찍은 사진을 리뷰하고 전문가들의 사진도 함께 보며 우리의 습관적인 보는 방식에 대한 크리틱 평가회를 갖는다. 바라보았던 현실 세계가 수많은 감각과 의미로 다시 다가온다.

우리가 바라보는 사물이나 이미지는 실상 비어있어서 단일한 의미로 고정되어 있지 않을 뿐 아니라, 정형화된 단일한 의미로 고정할 수 없다. 이는 현대물리학이 말하는 변함없이 움직이는 양자로서의 인간의 본질과 붓다의 무상무아와도 맥락이 같다. 사람 또한 매 순간 변화하고 생성하는 세계와 마찬가지로 고정된 정체성을 가진 존재가 아니라는 사실은 우리의 고정된 생각이나 사회규범에 의존하여 만들어지는 중독적 사고가 사실은 아무런 의미가 없음을 다시 한번 확인해준다. 오히려 내가 없음이 진실일진데, 상대와 나를 비교해서 욕망의 노예가 되며 자신을 학대하는 중독적 사고 속에 삶을 영위한다는 것은 정말 불행이다. 바로 이런 인식의 깨임 자체를 우리 아이들과 나눠야 함은 물론 우리 자신 먼저 깨어나야 한다. 실제를 봐야 한다는 부처님 말씀이 너무나 미래 교육적이라는 필자의 소견을 강화시켜주는 말씀이다.

내 시선의 성찰과 수행을 위한 이런 종류의 사진 찍기에서는 현실 속 사물이나 이미지는 의미를 중계하는 데 필요한 시각 자료가 아니라, 잠재적 무의식이 우리 시선의 주인공이 되어 그것을 바라보는 방식을 관찰해야 한다. 내 인식이 고정되어 있다면 세상 그 무엇도 변하지 않는다. 계속 빨강 필터의 안경을 쓰고 있다면, 결코 초록의 산은 볼 수 없는 것과 같은 이치다.

<카메라로 읽고 생각하기>는 세상의 관념과 규범과 시스템에 의해 길들여진 우리의 습관적이고 의존적인 중독적 시선과 관점을 발견할 수 있게 한다는 점에서 중독적인 삶의 태도를 성찰하게 하는 미디어 리터러시를 포함한 미래교육프로그램이다.

1970년 7월 7일

엄마는 바대조차도 낡은 은조사 홑옷에 핑크빛 여름용 벨벳 치마 차림으로 아버지와 외출준비를 하고 계셨다. 나는 엄마가 세상에서 제일 예쁘다고 생각했다.

2022년 7월 7일

엄마는 줄무늬 환자복 차림으로 병색이 완연한 얼굴로 침대에 누워 당장이라도 혼자서 여행을 떠날 듯 위태롭다. 나는 엄마가 세상에서 가장 연약하다고 생각한다. 투명한 은조사 홑옷 같은 삶을 지탱시키기 위해 바대처럼 굳건해야만 했던 엄마의 삶이 세 번의 고관절 골절로 야위어간다. 연약하나 자식을 향한 불굴의 의지로 바대처럼 질긴 생명력으로 병든 아들을 지켜 오신 엄마였다. 엄마의 건강이 사막처럼 아득하게 조심스럽다. 올여름도 아프고 회복하는 사람들의 밀물과 썰물은 리듬을 타며 어김없이 뜨겁다.

중독을 사회적 관점에서 풀어내자면 매우 드라이해지지만, 개인사적 관점에서 풀어내자면 사변적 이야기 가득한 아픔이 된다. 그래서였을까? 이번 책은 프롤로그와 에필로그가 유독 어렵다. 뿐만 아니라 가볍게 읽히는 산뜻한 바캉스 북으로 만들어보자던 애초 약속과 달리 휴가철 눅눅한 장마 빗줄기처럼 묵직하게 속절없이 넘치게 쏟아 버리고 말았다. 나에게 무겁게 넘친다 하신 천자문 선생님 말씀이 귓속에 콕 들어온다. 나는 언제쯤 잠자리 날개 같은 은조사 홑옷처럼 가벼워질 수 있을까? 덧댄 바대까지도 투명한 은조사 홑옷처럼 투명하게 훤히 보여줘야 글도 삶도 풍성해지는데 끝끝내 진짜 쓰고 싶었던 간곡한 이야기는 다 풀어내지 못하고 만다. 내 삶이 투명하지 못해서가 아니라 삶의 투명함을 견딜 수 없는 아픈 사람들에 대한 예의다.

불투명한 장막에 의존해서 자신을 가린다고한들 모두가 부끄러운 한 줌 삶이 있고 또 한 줌의 자랑스러운 삶이 있다는 것은 불변의 진리임에도 불구하고 속이 훤한 홑옷은 두렵다. 우린 너무나 오랫동안 타자의 얼굴에 시선을 꽂고 타자의 관점에 기대어 살아왔기 때문이다. 한 생각 바꾸면 돌이 금강석이 되고 금강석이 돌이 된다는 이치에 아직 깨어있지 못했다.

삶의 기쁨은 금강석이 아니라도 누군가를 기쁘게 해주기 위해 길가 돌멩이를 주워드는 소년의 순수하고 즉각적인 행동에서 시작된다. 바라보되 특정한 하나를 소유하지 않고 상대에게 건네줌으로써 더 많은 것들을 소유하는? 무엇을 가져도 욕망은 또 다른 것에 대한 갈망과 결핍을 몰고 온다. 그러나 소년과 나를 서로 다른 존재로 인식하지 않고 둘이 아닌 불이로 생각한다면 갈망과 결핍은 즉시 사라진다. 너와 내가 아닌 우리다. 너와 내가 아닌 나는 너다. 이렇듯 연결된 우리는 경계를 만들어 우열을 가릴 필요도 없고 이기적일 필요도 없다. 함께 공생하며 살아가면 된다. 내 밥숟가락을 상대 입에 넣어주는 방법을 알아야 행복과 천국은 도래한다. 중독된 사회시스템도 사라진다. 삶이란 건강하고 적정할 때 삶이라 말할 수 있다. 나만 무인도에 천국을 만들어 산다고 해도 그것은 '트루먼쇼'와 같은 가짜 삶일 뿐이다. 리얼한 진짜 현실 세계에서 수직으로 만나 관계하며 진하게 사람 냄새 풍기며 부딪히고 다독이며 수다스럽게 살아갈 때 삶은 온전해진다. 그래서 우리는 은조사 홑옷 아래 감출 것이 없다. 하지만 만약 다음 책을 또 쓰게 된다면 그땐 나도 하루키처럼 유럽의 어느 낯선 도시로 스며들어 집필에만 몰두해야겠다고 생각한다. 글쓰기와 일상의 자맥질은 언밸런스하여 글에 몰입도가 떨어지기 때문이다. 그러나 또 한편으론 교육이 수행적으로 꾸준히 진행될 때 아이들이 주체적인 삶을 살아가고 자신만의 삶의 스타일을 갖게 된다면, 글쓰기도 마찬가지 아닐까? 하루의 시작부터 청소하고 글 쓰고 108배와 명상까지 글쓰기 루틴을 정해서 매일매일 수행하듯 꾸준히 써가는 것이다. 다음 책을 쓰기 위해 이태리 피렌체로 짐을 싸서 떠나기 전에 먼저 매일매일 수행하듯 써가는 책 쓰기를 먼저 시도해봐야겠다.

7월은 내겐 대체로 은조사 홑옷으로도 감당하기 어려운 참 뜨거운 달이다.

내 삶은 내가 창조한다는 인식과 열등감에 의한 아만심으로부터 깨어날 수 있었던 책 쓰기였다. 은조사 홑옷의 헤짐을 막아주는 바대처럼, 글쓰기는 내 삶의 연약함에 질긴 생명력을 덧붙이며 바대 같은 든든함이 된다. 누군가에게도 이 책이 은조사 홑옷의 바대처럼 든든함이 되기를 기원하고 기도한다.

"당신은 개인으로서의 책임이 있다."

— 장 폴 사르트르(Jean-Paul Sartre)

부록_깊이 읽기

1. 법륜스님의 금강경 강의 | 법륜 | 정토출판

정토회 경전반에서 법륜스님 금강경 강의를 듣고 다시 4년 만에 <법륜스님의 금강경 강의> 책을 읽고 유튜브에 업로드하는 과정에서 '아상을 없앤다', '무주상보시', '자신 안의 보물을 캐라', '불일불이' 등의 가르침에 다시 한 번 나 자신의 삶의 태도와 자세를 가다듬었고, 부처님의 가르침 자체가 미래교육의 중요한 코드가 분명하다는 확신을 갖게 되었다. 특히 '디지털 기술에 종속되어가는 사람들의 삶에서 어떻게 주체적 위치를 잡고 갈 것인가'라는 질문에 많은 답이 되었다. 무엇보다 수치심과 열등감에서 비롯되어지는 청소년들의 여러 가지 문제행동과 더불어 그때부터 시작되는 의존적인 생각중독과 중독행동으로 이어지는 중독적인 사고로부터 아이들의 사고 패턴을 전환시켜 줄 수 있는 것은 바로 '아상'을 없애는, 너와 나의 분별을 없애서 비교하지 않는 관점을 훈련시키는 것이었다.

나의 모든 시간이 소중한 내 인생의 일부임을 알고 순간순간 기쁨을 누리며 사는 지혜가 우리 자신을 자유롭고 행복하게 만든다는 법륜스님의 강의가 좋은 힌트가 되었다. 본서의 가장 중요한 베이스는 <금강경>의 가르침이다. 그런데 아직 앎이 미천하여 중독자본주의 사회에서의 미래교육의 대안으로 제대로 구체화시켜 제안하지 못한 점이 아쉽다. 다음은 <법륜스님의 금강경 강의>를 토대로 필자가 제안하고 싶은 교육의 핵심 키워드들이다.

1) 남을 시비하는 분별을 일으키지 않고 분별을 일으킨 자신을 탓하지 않는 것도 중요하다.

2) 똑같은 어리석음을 두 번 다시 짓지 않으려 노력한다.

3) 본래 같은 것도 아니고 다른 것도 아닌 불일불이(不一不異)가 세상의 참모습이다.

4) 내가 보는 세계가 실제가 아닌 줄 알면 오히려 의식이 환경의 영향을 받지 않는다.

5) 조건에 매달려서 사느냐, 아니면 내가 처한 환경에 적극적으로 대응하며 내 인생의 주인으로 사느냐의 선택은 순전히 자신의 몫이다.

6) 내가 행복해지는 것과 세계가 좋아지는 것이 둘이 아니다.

7) 상이 상 아닌 줄 알아야 하듯이 견해가 견해 아닌 줄 알아야 한다.

8) 바랄 것 없는 마음으로 자비를 베푼다.

9) 꿈속에서 아무리 좋은 일이 있더라도 눈을 떠보면 꿈이다. 눈 뜨는 공부를 해야 한다

10) 깨달은 바를 생활 속에서 실험하고 경험함으로써 나를 닦아나가는 수행을 지속한다.

2. 지금 당장 당신의 sns 계정을 삭제해야 할 10가지 이유 | 재런 러니어 | 글항아리

재런 러니어는 디지털 철학자로 불리지만, 그냥 철학자라 해도 부족함이 없는 명철한 사유체계를 우리에게 소개한다. 그의 열린 사유체계를 따라가다 보면 우주적 매력에 폭 빠지게 된다. 재런 러니어와 우주적 데이트를 하고 싶을 정도다. 그를 아시는 분이 있다면 반드시 내 마음을 대신 전달해주시기를… 하하하. 미래 아이들을 지도하는 누구라도 반드시 꼭 읽어야 할 책이다. <가상현실의 탄생>도 필독을 권한다. <지금 당장 당신의 sns 계정을 삭제해야 할 10가지 이유>에는

글로벌 IT기업들이 왜 현재 인류들에게 위협이 되고 있는지에 대한 구체적이고 깊은 담론이 담겨 있을 뿐만 아니라 왜 우리가 깨인 존재로 우리가 갇혀있는 디지털 메타버스 시스템으로부터 빠져나와야 하는지에 대한 명쾌한 답을 제시한다. 재런 러니어는 유대인 혈통인데라 '환각'에 대한 개인적인 깊은 체험과 VR의 아버지라 칭해질 정도로 IT기술에 능한 과학자이며 실리콘밸리의 산증인과 같은 존재이기에 글로벌 공룡 IT기업들의 기술력의 한계와 마케딩 방향 및 디지털 LSD적인 시스템설계에 이르기까지 IT의 악덕이 인간에게 미치는 해악에 대한 너무나 구체적인 안내를 명쾌하게 하고 있다. 그의 이야기를 밈스타일로 요약하면 다음과 같다.

"중독과 자유의지는 정반대 관계. 중독에서 자유로운 완벽한 사람이 있을 것이라는 근거 없는 희망에 매달려서는 않된다. 겉으로 드러나지 않았더라도 우리를 조종하는 누군가가 있을 가능성이 크다. 구속에서 벗어나고, 더 진실한 삶을 살고, 덜 중독되고, 덜 조종되고, 피해망상을 덜 겪으려면… 이 모든 훌륭한 목표를 이루려면, 소셜미디어 계정을 삭제해야 한다."

3. 가상현실의 탄생 | 제런러니어 | 노승영 옮김 | 열린책들

재런 러니어의 <가상현실의 탄생>을 읽으면서 엄마 사후 열병에 시달리며 끊임없이 환상과 몽환의 가상현실 세계를 병적으로 오가던 그에게 대안학교 교사였던 아버지가 내린 '환상을 현실로 전환'이라는 처방에 완전히 매혹되며 진정한 교육이라는 생각을 했다. 재런 러니어는 자신의 몸 위에 도시와 세상이 솟아나는 병적인 환상을 아버지의 도움으로 진짜 가족들이 살 집을 설계하고 만드는 과정에서 현실로 돌아왔고 그런 경험을 디지털 속에 구현한 것이 VR을 만들어내는 결과까지 이어졌다. 상상력을 현실화하는 능력이 바로 4차 산업혁명 이후 메타버스 시대의 부자와 리더의 가장 중요한 소양임은 애플, 구글, 아마존, 마이크로소프트, 메타 등 CEO들의 창업과정으로 우린 족히 잘 알고 있다. "상상하고 만들어서 선점"하는 것이 곧 디지털 메타버스 시대 과학기술문명 산업을 선도해가는 핵심이다. 여전히 학교 성적을 올려서 좋은 대학에 입학시켜 월급 많은 회사에 취업한다는 근대적 사고방식을 가진 부모와 교사들이 대부분이라는 점 자체가 전통사회 가치관의 생각중독에 기반한 현대사회 교육의 퇴행을 불러온다. 한국사회에서 다시 사설 학원의 국·영·수 수업이 성행하는 이유이기도 하다. 하지만 더 중요한 교육은 우리가 중독적 자본주의 사회에서 소셜 미디어의 수익구조에 어떻게 이용되고 있는가임은 너무도 분명한 사실이고, 글로벌 IT기술을 이끌어가는 소프트웨어 엔지니어이자 철학자인 재런러니어는 그 문제의 무서운 파괴력을 알고 있기에 우리에게 주는 시사점은 더욱 중요하다. 미래교육이란 결국 미래사회의 발전 방향에 따라 달라져야 한다. 적어도 인류의 생존을 담보하고 자유의지를 보장받는 사회 속에서 자유로운 인간성을 발현하며 살아갈 수 있는 자유는 최소한의 인권으로 보장되어야 한다. 인간을 소비자로 전락시키는 중독적 자본주의 네트워크는 결국 빅브라더의 존재를 허용하게 되고 말 것이다. 왜? 자신들의 당장의 이익을 위해 수많은 합리화가 동원될 테니까. 한국에서는 심지어 부동산을 가진 사람들이 세금을 적게 내기 위해서 너무나 명확히 부도덕한 사람임을 알면서도 리더로 선출했다. 바로 이런 인간들의 이기적 행동패턴이 빅브라더를 출현시키는 기반이 된다. 하지만 아무리 이기적 이익을 취한 듯하지만 우린 결코 둘일 수 없다. 함께 살고 함께 죽는 공동운명의 지구 공동체임을 잊지 말아야 한다. 그냥 돈을 싸 들고 화성으로 가시라. 그렇다면 혼자서 잘 살게 될지도 모르겠다.

"소셜 미디어의 현재 사업 모형은 이용자가 깨어있는 시간 내내 심지어 잠들지 못하는 사람이라면 한밤중에도 소셜 미디어가 삶의 일부가 되는 것을 전제로 한다. 진짜 뉴스는 그 목표에 별로 부합하지 않는다. 현실을 진지하게 사색하는 일은 충분한 시간을 잡아먹지 않기 때문이다. 힐러리 클린턴의 역겨운 가짜 이야기를 지어낸 마케도니아인들이 원료를 팔아서 돈을 벌긴 했지만, 그들이 한 일은 트래픽을 끌어올리는 것이었다."

4. 크레이빙 마인드 | 저드슨 브루어 | 안진이 옮김 | 어크로스

저드슨 브루어의 <크레이빙 마인드>는 저술 과정에서 가장 마지막 단계에서 읽은 책이지만 본서의 맥락과 가장 깊이 연결된 책이어서 정신없이 읽은 책이다. 무엇보다 중독치료를 불교의 명상과 이론으로 프로그램화한 '마음챙김'에 접목하여 유의미한 사례를 계속적으로 개발해내고 있다는 점이 놀라웠다. 특히 저드슨 브루어 박사는 fMRI 등 현대 뇌과학 연구방법을 이용하여 고대 불교이론과 명상기법의 중독치료의 과학적 효능을 객관적인 데이터로 만들어내며 자신의 수행 또한 객관적인 사례에 접목하며 효과를 입증했다는 점이 놀랍다. 중독과 산만함, 몰입과 회복력의 비밀이라는 부제로 쓰인 <크레이빙 마인드>는 저드슨 브루어 교수가 MIT의과대학 마음챙김센터를 중심으로 뇌-인지과학 연구를 진행하면서 중독, 이상, 욕망의 속성에 관한 현대 심리학과 불교 이론의 연결고리를 발견하고 그 해법을 모델링하여 중독치료부터 습관 개선에 이르기까지 폭넓게 적용하고 연구한 결과를 자세히 안내하며 미래교육에 있어서 불교가 중요한 교육콘텐츠 및 교육방법이 될 수 있다는 본서의 가설에 힘을 더해준다. 그는 금연, 스트레스, 폭식 등 현대인들의 다양한 중독 증상에 대한 치료법과 훈련법 보급에 힘쓰고 있는데, 바로 이런 의료적 치료법과 훈련법이 교육에 접목된다면 사람들의 중독적인 생각과 중독에 의한 파괴적 중독적 사고를 예방하는 파워풀한 미래교육 방법론으로 발전하게 될 것이라고 단언한다. 갑자기 MIT 저드슨 브루어 교수의 깜찍한 제자가 되어 미국으로 유학가고 싶다. 그리고 함께 디지털 메타버스의 오만한 악덕주의 중독자본주의에 물들지 않는 새로운 미래교육방법론을 함께 개발하여 세계에 보급하는 일을 하게 된다면 신나고 가치롭지 않겠는가?

"욕망을 포기하고, 단념하고, 그것에서 자신을 해방시켜라. 그러면 그 욕망은 깨끗이 사라진다. 싯다르타의 고집멸도와 인과관계를 강조하는 점 등은 조작적 조건형성과 비슷한 면이 있다. 어떤 욕망이 일어날 때 무릎반사처럼 자동적으로 움직여 욕구를 재빨리 충족하는 행동은 그 욕망을 더 키울 뿐이다. 어떤 종류의 중독이든 반응은 반복할수록 강해진다. 페이스북에서 '좋아요'를 몇 개 받았는지 확인할 때마다 우리는 '나(I am)'라는 아령을 들어 올리는 셈이다. 스트레스를 유발하는 것이 우리 자신이라는 점에 주의를 기울이기만 해도 우리는 반대 방향으로 걸어가는 훈련을 시작할 수 있다."

5. 우리 인간의 아주 깊은 역사 | 조지프 르두 | 박선진 옮김 | 바다출판사

뇌과학자 박문호 박사님이 함께 식사하던 중에 추천해주신 책이다. <우리 인간의 아주 깊은 역사>는 생물의 행동의 진화에 관한 책으로 대체로 '생존'을 위한 진화에 초점이 맞춰 있는 바 인간은 다른 생물과 달리 언어, 문화, 사고 및 추론 능력과 자신을 돌아보는 성찰 능력이 생명의 기원까지 이어져 있다는 점이 특별하다는 점을 강조한다. 조지프 르두(Joseph E. LeDoux) 박사와 나의 공통점은 책을 간결하고 짧게 쓰려 하지만, 쉽지 않았다는 점과 인간종(種)의 미래를 진지하게 고민하고 있다는 점일 것이다. 그는 지구의 위기와 관련하여 지배자로 군림하던 파충류가 지구 환경이 불리해지자 에너지 소비가 적은 포유류들이 먹이사슬 최상에 올랐다는 사실을 기억하라고 경고한다. 우리는 종으로서 존속해야만 개체로서도 존속할 수 있다는 것이다. 혼자 살기 위해 이기적인 독식을 추구하면 결국 그 자신도 함께 죽는다는 말이다.

"생물학적 진화가 우리를 구원해주길 기다릴 수 없다. 진화는 너무 느린 과정이기 때문이다. 우리는 인지적, 문화적 진화와 같은 좀 더 빠른 변화 방안을 모색해야 하며, 이는 다시 우리의 자기 주지적인 뇌가 어떤 선택을 하는지에 달렸다. 결국, 우리가 믿고 기댈 수 있는 것은 우리의 의식밖에 없다."

조지프 르두 박사의 결론에서도 '우린 왜 미래교육의 방향이 무조건 우리 아이들의 생존이 걸린 문제인가'에 대한 해답을 얻을 수 있을 것이다. 내 자식 혼자 최고로 잘 먹고 잘사는 삶이 행복일 것 같지만 그것은 '환상'일 뿐이다. 우린 조지프 르두 박사의 말처럼 종으로서 존속해야만 개체로서도 존속할 수 있다. 이는 붓다의 연기론적 세계관과 부합하는 과학적 해석으로 미래교육의 방향에 대한 깊은 성찰을 가져오는 책이다.

6. 중독의 이해와 치료 | 한국학교폭력상담협회&한국전문상담학회 편 | 양서원

실제적인 중독의 증상과 치료방법에 대한 깊은 공부를 할 수 있었던 책임은 물론 실제 임상에 적용되었던 치료법들을 독자들과 모두 나누고 싶다는 생각이 들었다. 중독에 대한 정리도 간결하고 단정하게 잘 되어 '중독'의 임상적 이해에 도움을 받았고, '중독적 사고'에 대한 대안적 교육프로그램에 대한 아이디어에도 많은 도움을 받았다. 아주 일부는 TIP에 짧게 요약해서 공유했지만, 부모와 교사들의 경우는 직접 소장해서 읽고 공부하면 아이를 교육할 때 많은 도움을 얻을 것 같다. 그리고 일중독에 대해서는 그다지 문제성을 갖지 않는데 <중독의 이해와 치료>에서 다루는 일중독에 대한 내용은 현대의 부모들에게 굉장히 중요한 시사점을 전해준다. 필자인 나부터도 아이 학령기에 미리 읽었다면 좋았을 책인데, 책을 소장한 지 오래되었으나 너무 늦게 읽은 것 같다. 이와 관련하여 책을 기획할 때 표지디자인과 판의 선택 등이 얼마나 중요한지를 다시 생각하게 된다. 책을 만든다는 것 자체가 중요한 것이 아니라 '읽히는 책'을 만드는 것이 중요함을 다시 한번 통감했다. 중독의 치료와 진단에 대한 실제적인 도구들의 수록까지 잘 정리되어 있고 개념 이해도 심플하게 잘 정리된 '중독' 이해서다.

7. 중독의 시대 | 데이비드 T 코트라이트 | 이시은 옮김 | ㈜로크미디어

본서의 기획을 가장 처음 촉발했던 책이다. 한마디로 중독을 조장하고 충족시켜온 '변연계 자본주의'가 필자가 상담해온 학생들의 성중독적 일탈행동의 뿌리임을 간파하는 계기가 되었다. 디지털 매체 자체가 아이들에게 너무나 밀접한 매체인 데다 코로나 이후 학습도구까지 되다 보니 디지털 네트워크로 이루어지는 성에 대한 호기심을 쉽게 해소하게 되면서 점점 중독 행동으로 이어져 갔던 것이다. '나쁜 습관은 어떻게 거대한 사업이 되었는가?'라는 주제가 주는 주제의식 자체가 현대 중독적 마케팅과 시스템에 의한 자본주의의 문제점을 심각하게 드러내준다. 도파민적 '쾌락'보상을 인간의 습관행동으로 연계하여 다국적 대기업들은 고객들이 자신들의 제품을 습관적으로 사용하도록 만들기 위한 마케팅에 돈을 투자하고 있다. 단순히 경제적 관점만이 아닌 인간 세계의 다양한 삶과 문화적 요소를 넘나들며 정치·경제·사회의 전략적 시스템을 통찰력 있게 비평하고 있다. 그리고 중독이란 그동안 우리가 생각했던 뇌과학적 증상 이외에 전통이나 습관으로 내려오는 '생각중독'에 의한 '중독적 사고'가 모두 중독증이 될 수 있음을 이해하게 한다. 불교적으로는 모든 의존적 생각이 갈망을 만들어내는 중독의 뿌리이고, 이미 채워져 있는 온전함을 인정하면 중독에서 벗어난다는 이치와 같다. 우리는 거대 자본과 권력이 만들어낸 사회의 상식이나 트랜드에 끌려다니며 스스로 결핍된 존재로, 결핍된 무엇을 욕망하며 중독된 삶을 살아가는 존재들이고, 그것을 건드려서 도파민의 쾌락을 행복으로 착각하게 하여 돈을 버는 것이 바로 기업들의 마케팅 전략이다. 바로 이런 '중독자본주의'라는 기반 위에 세워진 디지털 메타버스 시대를 헤쳐나갈 인재육성을 위해서는 중독적 사고로부터 자신의 사고를 해방시키는 붓다의 '무주상보시', '무아', '무상'이라는 키워드를 미래교육의 방향으로 교육과정을 만들어서 각자가 자기 안의 자아(self)를 지켜나가며 흔들리지 않는, 아니면 자기 자신을 지구 인류 공동체의 하나의 세포로 자각하며 '불이'의 정신으로 깨어 함께 공생하는 교육 아이디어를 제안하게 되었다. <중독의 시대>가 중독자본주의 시대의 미래교육의 문제를 제기했다면 <법륜스님의 금강경 강의>는 해답을 준 핵심서이다.

"변연계 자본주의란 글로벌 기업들이 종종 정부나 범죄조직과 공모하여 과도한 소비와 중독을 조장하는, 기술적으로는 선진적이지만 사회적으로는 퇴보적인 비즈니스 체제를 말한다. 쾌락 상품이 주는 뇌 보상이 빠르고 강렬할수록 병리적 학습과 갈망을 불러일으킬 가능성은 더욱 높아졌다. 냉전 이후 계획적 중독은 변연계 자본주의의 대표적 특징인 동시에 변연계 자본주의가 그것을 탄생시킨 이성과 과학의 힘을 역이용하고 있음을 극명히 보여주는 증거다."

8. 상처받은 내면아이 치유 | 존 브래드쇼 | 오제은 옮김 | 학지사

각종 중독과 중독 행동의 주요원인은 상처받은 내면아이다. 상처받은 내면아이 치유는 과거의 심리치료와는 달리 우리 안의 '상처받은 내면아이'를 발견하고 가치체계의 핵심요소를 직접적으로 치유함으로써 빠른 변화를 가져오게 하는 치유법이다. 저자인 존 브래드쇼 자신이 15세부터 30세까지 알코올중독자인 아버지와 살며 자신도 알코올과 마약으로 중독자의 삶을 살았고 약물중독에서 빠져나온 이후에는 흡연과 일중독, 음식중독 등으로 다양한 중독속에 살아오며 자기 내면에 상처받은 아이가 진짜 중독의 원인임을 알아냈다. 그는 25년 동안 10대 알코올과 마약중독자들을 위해 일하면서 단지 화학적인 이유 때문에 중독에 빠진 아이들을 단 한 번도 보지 못했다고 말한다. 중독의 가장 공통적인 원인은 바로 '상처받은 내면아이'였다. 본서가 10장에 걸쳐 Object Lesson의 글쓰기가 소설적 형식을 가지고 있고, 또 어린 학창시절의 아픈 기억들을 하루의 시간표대로 나열하고 있는 이유는 바로 '상처받은 내면아이'를 극적으로 보여주며 독자들의 이해를 돕기 위한 디자인이었다. 전체 이야기는 초등에서 고등까지 있었던 잊지 못할 상처의 기억들을 기반으로 구성되었는데, 중독적 활동과 인지적 중독 중 나의 경우는 인지적 중독으로 아픈 감정들을 숨기며 살아온 전형적인 예라고 할 수 있다. 감정 그 자체도 중독이 된다. 분노 같은 감정은 수치심을 덮어줄 수 있는 감정의 방패막이다. 물건에도 중독될 수 있는데 가장 대표적인 것이 바로 '돈'이다. 지금 당장 당신 통장에 1억이 입금되었다고 생각해보라. 기분 째지지 않을까? 그것이 바로 쾌락 보상인데, 생각만으로도 즐거움을 주기 때문이다. 분노중독보다 더 위험한 중독자를 존 브래드쇼는 기쁨에 중독된 사람들이라고 한다. 엄마의 사망 소식에도 웃고 있는 사람들…

<상처받은 내면아이 치유>는 우리가 디지털 메타버스 시대 글로벌 IT기업들의 중독자본주의 시스템 안에서 중독되기 이전에 가정에서부터 부모들에 의해 아주 어려서부터 '생각중독'에 빠져들어 '중독적 사고'를 가진 개인으로 성장하게 될 수 있다는 것을 자각하고 자신의 내면 또한 함께 돌아봐야 한다는 것을 이야기하고 싶었다. 가정의 일상에서부터 부모들이 아이들에게 충만감을 주는 라이프스타일 교육이 그래서 더욱 중요하다. 그리고 중독적 자본주의 사회 시스템에 대해서 깨어있는 것도 부모님과 함께 수행적 일상으로 시작하는 것이 중요하다는 것을 제안한다.

"내면아이가 성장 과정에서 꼭 필요한 의존적인 요구들이 무시되어 상처받게 될 때, 그 아이는 고립되거나 뒤로 물러나 버리거나 또는 누군가에게 달라붙게 되거나 아니면 다른 이들을 곤란하게 만들게 될 것이다. 모든 아이에게 진정으로 필요한 것은 부모가 모두 건강하고 그들을 돌봐 줄 수 있으며 자신이 부모에게 정말로 귀한 존재라는 사실을 아는 것이다."

9. 보이는 세상이 실재가 아니다 | 카를로 로벨리 | 김정훈 옮김 | 쌤앤파커스

박문호 박사님의 강의 <우주와 인간 존재에서 관계로https://youtu.be/FJ_WZN-9yM4>를 듣다가 카를로 로벨리 박사의 이론(루프양자중력 개념으로 블랙홀을 새롭게 규명한 우주론의 대가)

소개받고 바로 책을 주문해서 샀다. 이유는 '중독자본주의' 사회에 대한 미래교육 대안 아이디어로 금강경의 무아와 무상, 무주상보시 등을 제안하기로 떠올렸으나, 보다 구체적인 사례나 과학적인 이론적 뒷받침이 있어야 한다는 생각을 하던 차였는데 카를로 로벨리의 존재는 관계에서 발생한다는 주장과 더불어 우리의 근원은 물거품 같은 끊임없이 변화하는 양자 알갱이라는 이론에서 '무아'의 합당함을 설명하고 이해시키는 데 도움을 받을 수 있겠다고 생각한 것이다.

나는 카를로 로벨리가 "인간은 짐승처럼 살기 위해서가 아니라 탁월성과 앎을 추구하기 위해 살도록 만들어졌다"고 단테의 율리시스를 통해 말하는 방식도 좋고, "더 멀리 보려고 더 멀리 가려고 노력하는 것, 그것은 삶을 의미 있게 만드는 놀라운 것들 가운데 하나인 것 같습니다. 배우고 발견하고 싶은 호기심 언덕 너머를 보고 싶은 바람, 사과를 맛보고 싶은 바람이 우리를 인간으로 만들어주는 것입니다"라고 말하는 겸손하고 부드러운 말투도 좋다. 그뿐인가? 약혼자에게 이별통보를 받고도 물리학 연구 동학을 찾아가 토론하다 통곡하며 강가로 내려가 실연에 대한 슬픔을 보팅으로 달래는 젊은 시절 카를로는 너무나 아름답고 치명적으로 매력적이다(언젠가 카를로 로벨리가 다시 약혼자에게 실연을 당한다면 그땐 내가 그를 위해 겐지즈 강의 새벽 보팅으로 초대해서 파티를 열어주고 싶다. 실연의 기억을 겐지즈 강물에 씻고 다시 사랑을 간직할 수 있었던 그 접점의 역사만을 기억하며 살아가도록 깊은 명상으로 새로운 호흡으로 살아나도록…).

아무튼 카를로 로벨리 덕분에 나는 내가 왜 초등학교 시절 <인어공주>를 그토록 가슴 아프게 읽었나를 완벽하게 이해하게 되었다. 어쩌면 무의식 속에 '물방울'이라는 나의 근원에 대한 첫 기억이 촉발되었던 것인지도 모르겠다. 하하하. 책마을해리에서 출간한 그림책 <빛의 바다>에서도 같은 느낌이었을까? 암튼 카를로 로벨리는 <보이는 세상은 실재가 아니다>에서 다음과 같이 양자중력에 대한 자신의 논리 펼친다.

"양자중력이 드러내 보여주는 세계는 단순하고 투명한 아름다움을 지닌 정합적인 세계입니다. 그것은 공간 속에 존재하지 않으며 시간 속에서 펼쳐지지 않는 세계입니다. 상호작용하는 양자장들로만 이루어진 세계, 그 장들이 무리를 지어 상호작용하는 조밀한 연결망을 통해 공간, 시간, 입자, 파동, 빛을 만들어내는 그런 세계입니다."

그의 책 < 모든 순간의 물리학>(김현주옮김, 쌤앤파커스), <만약 시간이 존재하지 않는다면>(김보희옮김, 쌤앤파커스), <첫번째 과학자, 아낙시만드로스 과학적 사고의 탄생>(이희정 옮김, 푸른지식)도 추천한다.

10. 분노하라 | 스테판 에셀 | 임희근 옮김 | 돌베개

스테판 에셀(Stéphane Frédéric Hessel)의 <분노하라>는 10여 년 전에 사놓았던 책인데, 아주 새 책으로 서가에 꽂혀있었다. 중독과 거짓말에 대해 리서치하던 어느 날 리플리증후군에 대해서 공부하게 되었는데, 현 정권의 젊은 마담(YOUNG부인)의 행동패턴이 리플리증후군에 완전히 부합된다는 것을 확인한 순간 분노가 치밀었다. 국가와 역사를 리드한다는 것이 거짓으로 점철되어진다면 그 역사의 끝은 보나마나인 것이다. 그것도 대의를 위해서가 아니라 개인의 조악한 수치심과 열등감을 커버하기 위한 조작이라면 더욱 분노할 일이었다. 그런데 갑자기 스테판 에셀의 책이 눈에 들어왔다. 아주 작은 분량의 책이기에 정신없이 읽어내렸는데… 와… 역시! 레지스탕스는 아무나 하는 것이 아님은 물론 90평생을 혁명전선에 선다는 것은, 역사적인 분노를 주장한다는 것은 쉬운 일이 아니구나, 라는 것을 깨닫게 되었다. 더군다나 이 책의 추천사 "분노와 평화적 봉기가 세상을 바꾼다"를 쓴 사람이 바로 조국 서울대 법학전문대학원 교수였다. 일종의 예언일까? 스테판 에셀의 본문 못지않은 깊은 감동이 왔다.

93세의 스테판 에셀은 분노는 감정에서가 아니라 참여의 의지로부터 생겨난다고 말하며 파리고등사범학교 선배였던 사르트르에게서 받은 영향에 대해 이야기한다.

"사르트르는 우리에게, 스스로를 향해 이렇게 말하라고 가르쳐 주었다. '당신은 개인으로서 책임이 있다'고. 이것은 절대자유주의의 메시지였다. 어떤 권력에도, 어떤 신에게도 굴복할 수 없는 인간의 책임, 권력이나 신의 이름이 아니라 인간의 책임이라는 이름을 걸고 참여해야 한다."

또 1940~1945년에 레지스탕스에 동참한 93세의 노전사는 불의에 맞서는 우리의 분노는 여전히 그대로 살아있다고 말하며 젊은이들에게 마지막으로 호소한다.

"우리의 젊은이들에게 오로지 대량소비, 약자에 대한 멸시, 문화에 대한 경시, 일반화된 망각증, 만인의 만인에 대한 지나친 경쟁만을 앞날의 지평으로 제시하는 대중 언론 매체에 맞서는 진정한 평화적 봉기를 21세기를 만들어갈 당신들에게 우리는 애정을 다해 말한다. 창조, 그것은 저항이며 저항, 그것은 창조다, 라고."

크리스 텐슨 교수의 파괴적 혁신론이 떠오르는 부분이다. 인도의 시바가 파괴신이기에 새로운 창조에 참가한다는 인도인들의 신앙론과도 같다. "분노하라! 분노와 평화적 봉기가 세상을 바꾼다." 조국 전 장관님의 추천사도 꼭 읽고 역사적 행동에 함께 해야 할 이유를 이해하도록 해주는 책이다. 책의 무게에 비해 아주 짧고(80페이지) 아주 싸다(6000원). 내가 이번 바캉스 북으로 기획된 본서를 이렇게 만들고 싶었지만, 아직 육갑을 떠는(제대로 익지 않은 지식 수준에서 까불어대는 것을 말함) 수준인지라 책이 또 두꺼워졌다. 그래서? 분노한다.

11. 절제의 사회 | 이반 일리히 | 박홍규 옮김 | 생각의 나무

이반 일리히(Ivan Illich)의 <학교 없는 사회>를 읽고 나는 어쩌면 이반 일리히는 기계산업화된 현대사회에서 노예화의 위기에 직면해있는 인간을 구하러 내려온 천사가 아닐까? 하는 생각을 하게 되었다. 아주 놀라운 사상가였다. 그가 전직 신부님이셨기에 더욱 가능한 사상이었거나 그래서 더 불가능한 사고이지만, 결국 그는 <절제의 사회>에서 그의 통찰력을 여지없이 보여준다. 이반 일리히의 사상은 본서의 '생각중독'의 차원에서 우리 스스로 기계산업사회의 노예로 종속되어가는 상황에 대한 비판과 그를 가속화하는 '교육'과 '학교'의 역기능에 대한 깊은 통찰을 보여준다. 이는 현재 온라인교육을 통해 에듀테크 기업들에 의해 사교육이 진행되면서 '교육'이라는 선한 영향력을 인간이 제도화와 기술주의로 얼룩진 현대사회의 산업주의의 노예로 전락하지 않으려면 '교육'이라는 이름의 상품과 '학교'라는 이름의 제도로 목적을 규정하기 전에 자연적인 규모와 한계를 먼저 인식할 필요가 있다고 피력한다. 이를테면 개발의 한계선을 긋자는 이야기다. 이 부분은 필자의 의견과 맥락을 같이 한다. 과학기술문명의 발달도 좋지만, 그것이 인간을 위협하고 인간됨의 존엄과 존중을 말살할 위험이 있다고 예견된다면 멈춰야 한다는 것이다. 그것이 어쩌면 선긋기이며 경계이다. 무조건적인 발전과 발달만이 삶의 정답이 될 수는 없다. 달리던 길의 방향이 낭떠러지라면 멈추어서는 것이 정상 아닌가? 사회와 과학기술의 발전방향이 권력자들이 아닌 서로 연결된 개인을 위해 조력하는 사회를 이반 일리히는 <절제의 사회>라고 규정한다. 이반 일리히의 글을 통해 그의 사상을 조금 엿본다면 중독적인 사회시스템에 깨어 그것을 인식하고 우리 스스로 통제한다는 것이 얼마나 중요한 것인가에 대한 통찰을 얻게 될 것이다. 미래교육은 물론 현대사회의 주체적인 삶에 대한 대안 방향을 고민하고 있다면 당장 읽어야 할 책이다. 이반 일리히의 이야기를 직접 들어보자.

"내가 긴급하다고 말한 위기는 산업주의적 사회 내부의 위기가 아니라, 산업주의 생산양식 그자체의 위기다. 내가 말한 위기는 절제적 도구인가, 아니면 기계에 압도될 것인가의 선택에 사람들이 직면하고 있다는 것이다. 교육은 과학이라는 마술에 의해 만들어진 환경에 적응하는 새로운 유형의 인간을 만든 연금술적 과정의 탐구가 되었다. 가치가 제도적으로 정의되어왔기 때문에 우리는 과학과 노동과 직업의 분화가 과도하게 되었음을 상상하기도 어렵다. 우리는 절제의 사회를 타인이 조작한 최소의 도구에 의해 모든 구성원에게 최대의 자율적인 행동을 가능하게 하도록 구상해야 한다. 그곳에서 사람들은 각자의 활동이 창조적인 정도에 따라 단순한 오락과는 반대되는 즐거움을 느끼게 된다. 반면 도구가 일정한 수준을 넘어서서 성장하게 되면 통제, 의존, 수탈, 불능이 증대된다. 나는 도구라는 말을 매우 넓은 의미로 사용한다. 도구에 콘플레이크나 전류와 같이 만져서 알 수 있는 유형의 상품을 생산하는 공장과 같은 생산시설도 포함시키고, 교육, 건강, 지식, 의사결정을 생산하는 것과 같이 만져서 알 수 없는 상품의 생산체계도 포함시킨다. '절제'라는 단어는 책임있게 도구를 제한하는 하나의 현대사회를 뜻하는 기술적 용어다."

12. 행복산업 | 윌리엄 데이비스 | 황성원 옮김 | 동녘

2019년 4월 5일에 구입한 책인데 나 자신 스스로 "엄청난 책임감을 느낀다"고 써놓았다. 작가인 윌리엄 데이비스(William Davies)의 통찰도 매우 놀라웠지만 옮긴이 황성원 선생님의 글이 무척 마음에 들어서 몇 번을 다시 읽은 책이다. 하기 싫은 일은 목에 칼이 들어와도 절대 하지 않는 비타협적인 투지와 싫은 사람에 대해서는 반드시 내색하고야마는 비사회성을 행복의 필수요소로 여기며 자급자족적인 라이프스타일로 좋은 사주를 타고났다는 사주풀이를 희망으로 산다는 옮긴이의 소개 또한 행복산업 책의 특별함을 말해준다.

그동안 '행복'이란 '불행으로부터의 도피나 치유'가 불가능해서 우리와 더 멀어졌다는 생각이 일반적이었다면, 윌리엄 데이비스는 이를 자본주의의 시스템 자체가 행복산업으로 구조화되었기에 인간 개인이 더욱 소외되고 파편화된 삶의 양태를 가지고 더욱 '행복'을 추구할 수밖에 없었다고 설한다. 개인의 감정과 행동이 전문가의 조정(행동주의와 신경과학 등)에 따라 바뀔 수도 있다는 생각 역시 이제 기술적이고 기계적인 가능성을 갖게 되었다. 한편에는 식욕이나 수면욕만큼이나 부정할 수 없는 쾌락의 추구와 고통의 회피에 지배되는 마음의 역학이 있고, 다른 한편에는 이런 심리에 영향을 미치도록 설계된 여러 가지 물질적인 힘들이 있다. 금전적인 유인, 사회적 평판, 체벌과 구속, 심미적 유혹, 규칙과 규제 등은 개인을 계산된 방향으로 몰고 갈 때 빛을 발한다. 우리 내부의 감정을 재현하는 권위의 지표는 바로 화폐다. 하지만 윌리엄 데이비스는 너의 불행이 너의 문제가 아닌 자본주의 시스템의 문제이면서 여기에 동조하며 또한 자본가들의 보상을 받는 즉각 보상의 행동주의 이론 등의 동조를 비판하고 있다. <중독의 시대>와 같은 자본주의 시스템의 착취적 악덕주의를 고발하는 차원에서 행복이 산업화되는 이유에 대해 논하고 있는 것이다. 마지막으로 옮긴이의 심플하고 스마트한 요약글을 읽어보자. 행복산업이 던져주는 이슈가 금방 다가온다.

"자본주의 사회가 부단하게 우리에게 떠안기는 모멸감과 소외, 좌절과 공허함을 정면으로 응시할 수 있는 용기와 우리의 존엄성을 위협하는 온갖 종류의 유혹과 통제에 휘둘리지 않기 위한 눈물겨운 투쟁, 그리고 그 덕에 얻어진 소외되지 않은 노동자들의 평등하고 자유로운 연대 속에 찰나의 휴식처럼 깃드는 것, 그것이 바로 행복인지 모른다. 문제는 너의 능력과 노력이 아니라 그것을 짓밟고 짐승의 길을 강요하는 자들이다. 그들이 만들어놓은 행복의 길로 들어서지 말라. 그리고 그것을 만든 자들의 의도를 간파하고 다시 자신의 행복의 길을 찾아라."

13. 바가바드 기타 | 정창영 풀어옮김 | 무지개 다리 너머

<바가바드 기타>는 기원전 4세기 무렵쯤 만들어진 책으로 산스크리트어로 거룩한 분의 노래, 곧 신의 노래라는 뜻을 가지고 있다. 책은 '크리슈나'와 '아르주나'의 질문과 대답 형식으로 쓰여 있는데 '영적수행'이라는 차원에서 지혜로운 선택과 결정에 대한 다양한 지혜가 담겨있다. 특히 본서는 '중독적 자본주의' 시스템의 사회에서 생각의 중독과 중독적 사고로 살아가는 우리가 깨어있을 때 행복은 당연하는 것이며 이를 위해서는 아이들의 교육부터 중독적 자본주의 시스템으로부터 각성하는 영성과 수행적 삶의 교육이 필요하다는 맥락의 대안을 제시하고 있는바 붓다의 <금강경>이 베이스가 되었음은 물론 <바가바드 기타>의 크리슈나의 지혜 또한 수행적 삶의 교육을 위한 좋은 교과서와 안내서로서 제안하고자 했다.

제16장 신적인 길과 악마적인 길 부분의 크리슈나의 이야기를 앞부분만 발췌해보면

"아르주나여, 두려워하지 마라. 마음을 깨끗하게 지켜라. 영적인 수행의 길에서 흔들리지 마라. 대가를 바라지 말고 베풀어라. 감각의 욕구를 절제하라. 신실한 마음으로 신을 섬겨라. 경전을 탐구하여 진리를 깨달으라. 집착을 버리고 포기에서 오는 즐거움을 누려라. 누구를 향해서든 분

노하거나 해치지 마라. 모든 존재를 자비로움으로 대하라, 욕심을 부리지 말고 선을 행하라. 강인한 정신력과 인내심과 순결함을 키워라. 누구에게도 원한을 품지 마라. 자만심을 버리고 겸손해라. 그러면 그대의 신적인 성품이 완성될 것이다."

붓다의 가르침과도 맥락이 같음은 물론 미래교육에서 법률이 아닌 도덕성의 회복으로서 인간됨의 본질을 찾아가는데 파워풀한 지표가 될 수 있다. <금강경>을 수지독송하며 부처님의 가르침인 무상과 무아, 무주상보시, 보살행 등을 행한다면 삶의 변화가 온다는 가르침처럼 <바가바드기타> 또한 불경의 역할을 해줄 수 있는 지혜의 말씀이 가득하다. 미래 영성교육의 기반, 도덕 교육의 기반이 될 수 있는 텍스트이고 그 내용이 본서 본문들에 녹아들어 있다.

14. 생각하지 않는 사람들 | 니콜라스 카 | 최지향 옮김 | 청림출판

'인터넷이 우리의 뇌 구조를 바꾸고 있다'라는 부제로 스마트 시대 우리는 더 똑똑해지고 있는가, 라는 질문을 중심으로 디지털 시대 인간 사고능력이 기술혁명에 의해 퇴행되고 있는 현실에 대해 통렬한 비평을 담았다. 스마트폰은 우리의 논리력만이 아니라 사회적 기술이나 관계도 나쁜 영향을 받기에 대화는 더 피상적이 되고 만족감은 떨어진다. 휴대폰이 단지 옆에 있다는 것만으로도 대인 친밀감과 신뢰형성을 제약했다. 새롭거나 예상 밖의 것, 즐겁거나 보람 있는 것, 개인적으로 연관된 것, 감정적으로 끌리는 것 등은 집중력을 유발하는 것들인데, 스마트폰 안에 그 모든 종류가 다 들어있어서 도파민의 분비를 폭발시키며 흥분과 만족을 느끼게 한다. 니콜라스 카(Nicholas G. Carr)는 집중력은 '현출성 네트워크'라고 하는 신경체계를 통해 수행되는데 만약 소셜 미디어 기업들이 야심을 억제하지 않는다면 현출성을 극대화하여 앱과 스마트폰에 집중하는 머신 알고리즘을 이용하기 시작할 것이라는 우려를 하고 있다.

컴퓨터는 온라인 콘텐츠에 대한 사람들의 반응을 통계적으로 분석함으로써 실리콘밸리의 마케터, 프로그래머, 행동과학자가 파악한 수준을 뛰어넘는 정확성으로 무엇이 사람들의 집중을 촉발하는지 정확히 짚어낼 것이고 사고의 통제는 자동화될 것이다. 이미 인터넷을 사용하는 것의 폐해가 연구되면서 웹이 이미 우리의 기억을 형성하고 연결하는 능력을 손상하고 있다는 연구결과가 나오고 있다. 우리가 잃어가고 있는 것은 사실에 대한 기억만이 아니라 사건에 대한 기억도 마찬가지다. 가짜뉴스는 진실보다 더 멀리 빨리 깊이 번져나간다. 이는 사람들이 더 빨리 퍼트리기 때문이다.

인터넷이 인간의 뇌에 미친 영향에 대한 연구과 소셜 미디어 기업에 우리의 뇌를 무단으로 빼앗는 것을 허용한 결과 추론과 기억 능력을 제약하거나 정보를 지식으로 전환하는 능력을 잃게 된다. 우리는 데이터를 얻었지만, 그 의미는 잃어버리고 있다. 이 흐름을 수정해야 한다. 그리고 더욱 큰 문제는 다양한 방법으로 인터넷을 중독이라 할 정도로 적극적으로 받아들인다는 점이다. 새벽부터 늦은 밤까지 인터넷에 접속하지 않고는 제대로 살아갈 수 없는 노예가 된 우리를 보고 그것에 대한 습관적 삶의 패턴을 변화시키기 위해서도 글로벌 소셜 미디어 기업들의 중독적 자본주의의 덫으로부터 '깨인' 사고로 빠져나와야 한다. 왜? 우리 아이들의 생존이 걸린 문제이기 때문이다.

15. 수도자처럼 생각하기 | 제이 셰티 | 이지연 옮김 | 다산북스

미래교육은 '교육에서 자발적 수행으로 전환'되어야 한다는 제안을 필자의 <메타버스 스쿨혁명>에서부터 지속적으로 안내하고 있다. 현대사회는 현재 사회보다 더욱 많은 지식과 정보를 필요로 하는 지성인이 되어야 독자적으로 먹고살 수 있는 사회임은 물론 과학기술문명의 발달 속도가 공부하지 않는다면 따라갈 수가 없다. 그런데 기존의 학습형태로는 깊이 있는 공부도, 깊이 있는 사고력도 성취하기가 어렵다. 그렇기에 학습자 스스로 호기심과 상상력을 기반으로 스스로 자발적으로 꾸준히 공부해나가는 학습 형태를 유아기부터 부모가 홈스쿨링으로 키워줘야 하는데 새벽기도와 같은 종교적 수행연습을 꾸준히 함께 해나가는 것 또한 영성의 시대에 맞춤형 학습패턴이 될 수 있다. 제이 셰티 또한 방황의 시기를 거쳐 행복과 건강을 주제로 명상 등 자발적인 수행적 삶의 태도로 팟캐스트 1위 및 동영상 80억 뷰를 넘으면서 명상으로 새로운 삶의 국면을 맞은 사람이다. 그는 자신이 원하는 물건이 아닌 자신이 원하는 가치관을 가진 사람들 곁에 있고 싶다는 자신의 진심을 따라 출가하여 불법 수련을 했고 명상을 통해 감마파의 수준이 최고에 이르러 행복한 사람이 되어갔다. 제이 셰티는 "우리는 왜 수도자처럼 생각해야 할까?"에 대한 답을 다음과 같이 하고 있다.

"전문가가 아니어도 끊임없이 '현재'를 살리고 의식적으로 노력하는 사람은 모두가 수도자다. 수도자들은 유혹을 참고, 비난을 삼가고, 고통과 불안을 견디며, 자존심을 잠재우고, 목적과 의미가 넘치는 삶을 꾸릴 수 있다. 지구상에서 가장 침착하고, 행복하고, 목적을 의식하며 사는 사람들을 우리가 배우지 않을 이유가 있을까? 수도자가 된다는 것은 누구나 받아들일 수 있는 하나의 '마음자세'다."

수도자들은 수천 년 동안 마음챙김과 감사하는 마음, 봉사를 통해 행복해질 수 있다고 믿었다. 고대의 지혜는 오늘날도 중요한 의미가 있다. 그것이 바로 붓다의 가르침이다. 디지털메타버스 시대에 스마트기기로 인한 산만함으로부터 우리를 보호할 수 있는 마음가짐은 차분함과 고요함과 마음의 평화다. 스마트폰을 당장 곁에서 버리지 못한다면 우리 스스로 마음의 고요와 평화를 찾아 집중력과 몰입의 힘을 키울 수 있는 수행적 훈련을 꾸준히 해나갈 때 비로소 행복에 이르는 공부가 가능하다.

16. 도파민네이션 | 애나 렘키 | 김두완 옮김 | 흐름출판

도파민네이션은 우리 두뇌의 쾌락 호르몬인 도파민 자극에 의해 중독이 가속화되는 메커니즘을 잘 보여주는 책임은 물론 '중독자본주의 사회'를 지탱해주는 우리 두뇌의 작동원리를 보다 더 쉽게 이해할 수 있게 해준다. 책의 유명세와는 달리 생각보다 파워는 좀 약했지만, 우리가 왜 쾌락에 중독되는지에 대한 질문을 바탕으로 도파민을 집요하게 추적하여 도움이 되었다. 특히 우리는 행복과 쾌락을 착각한다. 고통과 쾌락이 사실은 같은 것이라는 것도 알지 못한다. 행복이란 괴로움이 없는 상태임은 물론 갈망과 결핍이 없는 바라는 마음 없는 충만한 상태를 말하지만, 디지털 메타버스의 플랫폼들은 각종 욕망을 부추기며 중독적 강박행동으로 소비자들이 소비를 촉진하도록 즉각보상의 행동주의 전략으로 도파민적 쾌락에 빠지게 한다. 스마트폰은 MZ세대와 알파세대들에겐 주사바늘 없는 마약 주사가 되어 디지털 도파민을 주입하게 된 지 오래다. 특정 약물에 중독되는 것보다 특정 디지털 플랫폼의 상품과 기능에 중독되어 정기 구독료를 내는 우리의 강박적 행동중독이 더 무서운 통제력을 지니는 시대에 이른 것이다. 특히 청소년들이 이런 디지털의 도파민 쾌락적 중독에 빠지는 것은 더욱 더 위험하다. 쾌락의 맛에 더욱 약하기 때문이다.

어떤 약물이 뇌의 보상경로에서 도파민을 더 많이 더 빠르게 분비할수록 그 약물의 중독성은 더 크다. 도파민은 보상 그 자체의 쾌락보다 보상을 얻기 위한 동기 부여과정에 더 큰 역할을 한다. 우리는 전에 없던 부와 자유를 누리고 기술적 진보와 의학의 진보로 더 행복한 조건을 확보했지만, 과거보다 더 불행하고 고통스러운 이유가 무엇일까? 비참함을 피하려고 너무 열심히 일하기 때문이라는 저자의 통찰은 귀 기울일 만하다. 우린 심지어 심심함에서 벗어나기 위해서도 끊임없이 가만히 있지 않고 무엇인가를 하고 있다. 특히 그 매체가 스마트폰의 산만함이라는 것은 더 큰 문제다. 특히 80억에 가까운 지구촌 사람들과 자신의 삶을 비교하기 시작하면 결코, 그 누구도 행복해질 수 없다. 남루하고 초라한 인간들이 화려한 옷과 자만심과 아만심으로 황폐한 가슴으로 간신히 견디며 살아가는 현실만이 있을 뿐이다. 그래서 중독이란 더욱더 중요한 미래교육의 화두이며 미래세대 생존의 문제이기도 하다.

17. 중독사회 | 앤 윌슨 섀프 | 강수돌 옮김 | 이상북스

<중독사회>는 학교 현직에 있을 당시 고등학생 아이들과 '중독의 인문학'이라는 동아리를 만들어 일년 프로젝트 스터디를 했던 책으로 그 당시도 매우 유의미하게 읽었던 책이다.

작가인 앤은 우리가 코끼리를 알려면 코끼리의 생로병사에 대해 모두 파악해야 온전히 코끼리라는 존재를 인식할 수 있는 것처럼 우리가 살고 있는 사회시스템도 한마디로 '중독시스템'이라는 것이다. 중독시스템도 중독행위자들과 마찬가지 방식으로 작동한다. 하지만 그와 반대로 중독행위자들이 회복 가능한 것처럼 중독시스템도 회복이 가능하다고 앤 윌슨 섀프는 이야기한다. 중독사회 시스템은 백인남성 시스템과 같이 작동하는데, 우리 사회에서 무엇이 지식인지, 무엇이 배울만한 가치가 있는 것인지가 모두 백인남성 시스템에 의해 규정된다. 바로 시스템이 신과 같고 그가 바로 통제자의 역할을 한다는 것이다. 우리 모두는 이 시스템 안에서 생존하기 위해 언어와 가치관, 사고방식, 세계관 전체를 이 시스템에 맞게 적응시켜야 한다. 이를 위해 각자가 가진 인간적인 힘과 역량도 포기해야 할 때가 많은데, 바로 이 남성 중심의 중독시스템이 필자가

본서에서 안내하고 있는 '생각중독'과 맥락이 비슷하다고 보면 될 것 같다. 우리는 주어진 시스템에 순응하며 살아가고 있는 것처럼 규칙에 잘 따르고 우리의 진정한 느낌을 숨기고, 믿기 어려울 정도로 세상을 잘 이해하는 척하며 살아가고 있다. 그로 인해 우리는 중독된 사회시스템 자체에 공조하며 우리를 억압하는 시스템의 공범자가 되어간다.

중독시스템은 일종의 닫힌 시스템이다. 그래서 각 개인은 자신의 행위를 해나가는 데 별 선택권이 없다. 예컨대 각 개인이 맡게 되는 역할이나 그 역할을 수행하는 방향성 같은 것에서 선택의 여지가 없는 것이다. 그런데 특정 중독보다 그 중독과 연결되는 전반적인 시스템의 문제가 그 특정한 중독 자체보다 훨씬 중요하다. 왜냐면 우리는 이미 중독사회에 살고 있기 때문이다. 중독적인 관계들은 이미 이 사회의 규범이 되어버렸다. 누군가 어떤 중독에서 회복하고자 하거나 어떤 중독시스템에 갇힌 삶으로부터 자유로워지려면 반드시 통제 환상을 벗어 던져야 한다. 왜냐하면 이 문제를 해결하는 것이 건강성 회복과정에서 가장 본질적이기 때문이다.

본연의 건강성 회복을 위해 우리의 영성을 통제하려는 종교 기관들로부터 벗어나야 하며 우리의 신념이나 행동을 통제하고자 하는 교육기관으로부터도 벗어나야 한다. 이는 디지털 메타버스의 중독적 자본주의의 더 강력한 통제에 대해 우리가 어떻게 대처해야 할지에 대한 큰 시사점을 준다. 결국 우리가 사는 중독시스템을 정직하게 대면하고 극복하기 위한 교육뿐 아니라 전 사회적 대처 방안이 나와야 한다. 이 문제는 결국 사느냐 죽느냐의 문제로 우리의 생존의 문제임에 깨어 있어야 한다.

18. 성중독의 눈, 음란물 중독의 심리이해 | 김형금 | 서울중독심리연구소

성중독적 성향을 보이는 중학생들을 상담하면서 가장 시급하게 공부해야 할 부분이 바로 성중독의 성향과 심리이해였다. 그런데 공부를 해보니 놀랍게도 성중독, '자위중독'이라 불리는 중독 행동은 쾌락을 목적으로 하지 않는다는 것이었다.

"음란물에 중독된 사람은 자신의 아픔을 보지 않으려, 느끼려 하지 않습니다. 그 방어로써 감각을 마비시킬 수 있는 어떤 강한 자극만이 필요합니다."

상상지도 못한 심리였다. 음란물 중독은 무엇보다 사랑받지 못한 결과 생긴 병이고 대체로 부모로부터 사랑을 받지 못했기 때문에 생기는 결핍행위다. 우리는 자신이 원하는 사랑을 받아야만 하고 그것을 찾을 수 있다고 믿고 싶어하지만, 현실에서 결핍되었을 경우 세상 모든 사람을 자신의 손아귀에 움켜쥐고 자신의 뜻대로 하고 싶어한다. 탐욕은 우리가 나빠서가 아니라 바로 결핍에서 온다. 성중독이 된 남성은 여성을 좋아하는 것 같지만 실상은 여성들을 인간으로서 보지 않고 인격적인 만남이 아닌 자신의 결핍을 채우기 위한 도구로 사용하는 하나의 소모품으로 인식한다. 하지만 오지 않는 사랑을 기다릴 수 없어 자신 스스로를 사랑해주는 음란물 자위중독에 포로가 된다. 그래서 성중독은 무엇보다 결핍된 자기 자신을 보아야 한다. 음란물 중독은 사랑의 행위를 눈으로 보는 것을 말하고 어려서 스트레스 상태에서 관음증으로 발전했을 수도 있다. 아이들의 감각 중 보는 것이 가장 쉽기 때문이다. 그러나 이것이 행동으로 옮겨지면서 항문성교, 변태성교, 집단 섹스, 근친상간, 강간, 수간, 여장 남성과의 장면 등등 더 일탈적 모습을 띠게 되는데 이쯤 되면 중독자 자신이 자신의 인간성에 대한 회의를 느끼며 더 고통스럽다. 그런데 현재 중학생들의 디지털 포르노와 디지털 섹스팅 수준이 아바타에서의 성전환, 얼굴 없는 생식기 섹스팅 등등 생각보다 심각한 수준이다. 무엇보다 감정적인 교류가 있는 따듯한 스킨십이 아니라 감정 없이 성적 자극에만 몰입하다 보니 더 피폐해짐은 물론 돈으로 성적 쾌감을 사려는 시도는 물론 돈을 벌기 위해 접속하는 경우도 많다는 것이 문제인데 그러한 접근성을 돕는 것이 디지털 매체라는 것이 더 큰 문제. 글로벌 IT기업들이 에듀테크로 교육을 팔아도 자신들 매체 교육의 폐해에 대해서는 성찰이 없다는 것도 문제. 그들은 이미 알고 있다. 그래서 자신들의 자녀들에겐 스마트폰을 제약적으로 사용하게 하거나 스마트폰을 쓰지 않는 사립학교를 보내는 것이다.

19. 풍요중독사회 | 김태형 | 한겨레출판사

불안하지 않기 위해 풍요에 중독된 한국사회의 사회심리학적 진단과 처방이라는 부재처럼 우리가 지금 현재 불안한 이유는 이미 풍요로운데도 불구하고 중산층 수준의 삶을 살 수 있어야 사회적으로 생존하고 있다는 관념이 우리로 하여금 생존불안을 경험하게 한다고 저자는 말한다. 바로 사회적 죽음이다. 그렇기에 세상 모든 가치가 돈과 행운과 운에 집중되어있는지도 모른다. 불안은 만성화된 공포로 지속시간이 길고 이것이 사회적인 문제인 경우는 더 심각하다. 21세기형 불화사회에서 살아가는 사람들은 대부분 권위주의적 성향을 가지고 있고 이는 사람을 죽이는 힘 다음으로 강력한 힘은 약한 상대에 대한 학대다. 패자혐오와 자기 혐오가 심해지면 연대의식과 공동체의식은 사라진다.

성과급제, 업무평가제 등 신자유주의적 자본주의는 개인 간 경쟁이라는 점에서 집단경쟁 자본주의와 달리 위계 내 풍요와 불화사회에서 극대화되는 위계 상승 욕구와 함께 돈으로 계층 상승을 하고자 하는 욕구는 더 커진다. 21세기 사람들이 파편화되고 원자화되는 이유다. 풍요에 중독된 21세기형 불화사회는 사랑도 돈이 없으면 할 수 없다. 돈이 없다면 최소한의 교제도 불가능하며 스스로를 사랑의 무능력자로 느끼게끔 강요한다.

마약중독자는 마약이 해로움을 알아도 끊지 못해서 파멸에 이른다. 오늘날 자본주의 세계 또한 이런 중독자를 연상시킨다. 이런 시스템을 바꾸려면 사회 제도를 바꿔야 하고 교육이 또한 사회 제도와 함께 변화되어야 한다. 기존의 중독예방교육이 전면 교육과정으로 중요과목으로 다시 만들어져야 하고 그를 토대로 우리가 중독자본주의 시스템 속의 어떤 노예적 삶을 살고 있는지를 스스로 각성하고 깨달아 주체적 삶을 살아가기 위한 다각적 노력을 해야 한다.

"불안을 극대화시켜 사람들을 돈의 노예가 되게끔 강제하는 풍요- 불화사회를 그대로 두고 오늘날의 위기를 절대로 극복할 수 없다. 이 위기는 개개인들의 잘못에서 비롯된 것이 아닌 사회가 초래한 위기이기 때문이다."

20. 무경계 | 캔 윌버 | 김철수 옮김 | 정신세계사

캔 윌버(Ken Wilber)의 <무경계>는 불교 경전보다 더 빠르고 쉽게 붓다의 사상을 이해할 수 있도록 해준 책이다. 나라는 사람을 설명하기 위해서는 반드시 경계선을 어디에 긋느냐에 달려있다는 말에 처음 충격을 받았다. 나는 그냥 나일 뿐이라고 생각했던 것이다. 그러나 캔 윌버는 정체성이란 자신을 이것과 동일시하고 저것과는 동일시하지 않는 것이다. 당신은 어디에 경계를 설정했는가?라고 묻는다. 그러면서 이 경계선에 흥미로운 사실은 그것이 쉽게 변경될 수 있음은 물론 다시 그어질 수 있다는 것이었다. 내 영혼의 지도를 다시 그릴 수 있다는 것이다. 만약 그렇다면 중독적 사고로 부정적이고 불행하고 비루한 삶의 인식을 가졌던 사람들일지라도 처음부터 다시 시작한다면 문제가 될 것이 없지 않을까? 누군가 타자가 규정한 나 자신으로 사는 것이 불안하고 힘들었다면, 그저 내가 버겁지 않을 정도로만 욕망을 설정하고 나의 한계를 다시 설정한다면 수치심도 열등감도 없어지고 당연히 그로 인한 강박적 중독행동 또한 없어지리라 생각된 것이다. <금강경>에서 얻은 아이디어와 같은 수준이라고 할까? 캔 윌버의 말대로 '지고의 본성'이라 알려진 무경계 자각, 붓다의 말로 '무아'의 경계이다.

성장이란 기본적으로 자신의 지평을 확대하고 확장하는 것을 의미한다. 밖을 향한 조망과 안을 향한 깊이라는 양쪽 모두 경계의 성장을 의미한다. 현재에 저항하지 않는다는 것은 현재 이외에 다른 아무것도 존재하지 않는다는 것이다. 시작도 없을 뿐만 아니라 끝도 없으며 앞에도 뒤에도 아무것도 없다. 이 순간을 둘러싸고 있는 경계들이 이 순간으로 녹아들고 달리 갈 곳 없는 이 순간만 남는다.

시간과 공간의 경계도 없애고 나라는 느낌도 사라진 무경계의 수준에서는 중독적 행동에 몰입할 어떤 여지도 존재하지 않는다. 이를테면 디지털 메타버스 내 수많은 콘텐츠들이야말로 시간과 공간의 잔여물이라고 할 수 있는데 그것들의 경계를 지운다면 결국 비교할 거리가 없고 마음이 파도칠 일이 없어 중독적 의존물을 찾지 않아도 된다. 이렇게 자신의 경계를 지음으로써 역설적으로 충만한 존재가 되어가는 것 또한 미래교육의 중요한 교육방법이자 교육목표가 될 수 있다. 앞으로 닥칠 세계사적 위기들, 식량, 기후, 전쟁, 민족 분쟁에 이르기까지 자급자족적 라이프 스타일은 물론 자족적으로 삶의 만족을 스스로 규정하고 만들어가는 지혜로 인류의 생존 방법을 배우는 것이 중요한 교육의 시대다.

21. 비폭력대화 | 마셜 B. 로젠버그 | 캐서린 옮김 | 한국NVC센터

<비폭력대화>는 학교현장에서도 유용했지만, 새로운 미래교육을 디자인할 때도 유용한 책이다. 사람과의 관계를 좋고 나쁘게 하거나 행복하고 불행하게 하는 요인을 생각해보면 제일 우선되는 것이 바로 서로의 생각과 말과 행동이다. '생각중독'은 대체로 부모와 교사와 같은 어른들의

언어와 행동패턴에서 아이들이 보고 배운 경우가 많다. 특히 가정에서 내려오는 업(業)식은 그 뿌리의 깊이가 너무 깊어서 본인은 본인의 상태를 착각하고 있는 경우가 많다. 현재 50~60대들은 대체로 부모님들이 식민지와 한국전쟁을 겪은 세대로 무척 어렵게 살아왔기에 과거의 강렬한 불행의 기억에 비추어 언행이 확립되다 보니 삶에 대한 걱정이 많은 특징이 있다. 여기에 깨어있지 않다면 우리는 그 패턴을 또 자녀 세대에 똑같이 답습하여 학습시키게 되고, 이에 따라 어려움을 모르고 자란 부모와 자녀 세대 간 몰이해가 하나의 사회문제로 불거지기도 한다. 비폭력 대화는 자신을 돌이켜 자신의 언어패턴을 반성하고 상대에게 더 많이 귀를 기울이며 경청하고 청유형으로 말하거나 자신의 기분을 감정을 섞지 않고 상대에게 설명하는 대화법으로, 상대의 욕구를 충족시키며 자신의 욕구도 충만해지는 대화법을 제안한다. 싱글플레이 중심의 미래 디지털 메타버스 시대에 아이들이 서로 진심을 담아 소통할 수 있는, 아니 직접 만나서 소통하고 싶은 마음이 들게 만드는 대화법의 개발은 매우 유미한 미래교육 과정 중 하나가 될 것이다.

"비폭력 대화의 목적은 자신이 원하는 것을 갖기 위해 다른 사람의 행동을 바꾸려는 것이 아니라 솔직함과 공감에 바탕을 둔 인간관계를 형성하여 결국에는 모든 사람의 욕구가 충족되도록 하는 것이다."

22. 2062 호모사피엔스의 멸종 우리는 어디로 가야 하나 | 토비 월시 | 정병선 옮김 | 영림카디널

앞으로 40년 뒤 세계가 너무 암울하게 그려진다고 화내지 말라! 오히려 그것이 즐거운 사람들도 있을 것이다. 사육되는 삶에 익숙한 사람들은, 그것이 편리하고 안전하다고 생각하는 사람들은 기계가 인간을 능가하는 지능을 갖게 되리라 예측되는 2062년이 더 기다려질지도 모른다. 그러나 기계가 인간처럼 중독적 편견을 가지게 되는 사회를 상상해보았는가? 우리는 정확하고 명확한 사람을 일컬어 "컴퓨터 같다"고 말한다. 컴퓨터의 계산과 판단에 한 치 의심도 두지 않는다는 말이다. 어쩌면 신과 같은 절대화일까? 그렇다면 만약 이 빅데이터 알고리즘이 흑인과 백인을 차별하여 흑인을 범죄자로 몰아간다면, 인종차별적 편견이 가득한 인간군의 인권적 오류와 어떻게 다를까? 더 많은 데이터로 더 확고한 편향을 보일 수 있다는 것이 정답이다. 알고리즘은 단지 그가 어디에 사는지 우편번호만을 가지고도 범죄율을 계산할 수 있다. 통계적으로 가난한 지역 할렘가에 흑인들이 많이 모여 산다는 통계를 가지고 범죄 발생률을 예견하고 백인남자보다 흑인남자가 범인일 확률을 더 높인다는 것이다. 이것이 바로 기계가 지닌 도덕성 한계의 문제다. 실제로 노스포인트(Northpointe)사가 컴퍼스(COMPAS)라는 기계학습 알고리즘을 개발하여 일으킨 문제다. 컴퍼스가 그런 편견을 가지게 된 이유는 알고리즘 자체가 편견이 담긴 데이터로 훈련을 받았기 때문이다. 심지어 MIT 미디어랩의 조이라는 연구원은 컴퓨터의 인식 알고리즘이 자신이 흑인인지를 식별하려는 시도를 알아채고 경악했다. 심지어 얼굴인식이 표준이 되고 있는 '라벨이 붙은 야생의 얼굴들'의 경우 웹 뉴스에서 수집한 1만 3천 개 이상의 얼굴 이미지가 들어있는데, 그중 남성이 77.5% 백인이 83.5%다. 양성평등교육은 사실 데이터 정리로부터 시작해야하 지 않을까? AI 알고리즘조차도 우리 사회의 생각중독의 패턴에 따른 데이터로 편견을 가진 판단자가 되어간다. 중독적 사고의 인간과 다르지 않은 객관성이다. 그리고 그 객관성이란 단어를 합리성과 혼동하면서 철저히 공정한 잣대로 획일화하는 세계는 바로 디스토피아다. 그런데 우리는 그런 기계에 재판까지 맡기겠다는 미래를 꿈꾸고 있다. 기계들이 인간들의 사유 패턴에 중독되어 결국 인간은 지구상에서 사라져야 할 존재로 결론 내린다는 가상의 스토리들이 결코 궤변만은 아니지 않겠는가? 다시 생각해야 한다. 편리한 것이 과연 좋은 것이고 안전한 것인지를 다시 생각해봐야 한다. 그와 더불어 평등하게 닦고 익히고 집착하지도 말고 방일하지도 말라는 붓다의 가르침이야말로 빅데이터의 편향성으로부터 인간의 존위를 지켜낼 수 있는 정신적 파워가 될 수 있음은 물론 생존의 교육이 될 수 있음을 다시 한번 확인했다.

23. 디자인의 작은 철학 | 빌렘 플루세르 | 서동근 옮김 | 선학사

어쩌면 빌렘 플루세르는 코로나 이후의 디지털 메타버스 시대를 먼저 왔다 간 사람은 아닐까? 40년 전 디자이너의 통찰력이 미래를 훤히 꽤 뚫어보고 있음이 놀랍다. 사실 빌렘 플루세르의 지성과 사고의 깊이를 내가 제대로 따라가고 있는 것인지도 잘 모르겠다. 하지만 독자적 해석으로 내 수준에서 그의 지성을 받아들이자면, 늘 존경의 마음이 절로 나온다. '기계는 인간의 신체 기관이 될 것'이라는 그의 예언은 이미 2007년 스마트폰의 대두로 적중했다. 디자인에 대한 개념을 사물과 물질적인 것에만 국한 짓는 것이 아니라 인간의 정신세계에까지 개념을 확장할 수 있도록 해준 존경하는 디자인 사상가이다. 문법적 모호성과 의미적 모호성으로 확률적으로 언어를 처리하는 AI의 위험성을 그는 예고한다. 인간의 사고와 언어의 패턴을 기계가 데이터 속에서 찾아내는 지식적 데이터의 패턴과 일치할 리 만무하다. 바로 그 지점을 빌렘 플루세르는 이미 예언하고 있는 것이다. 미래 교육과 미래사회의 새로운 시스템에 관심 있는 사람들은 마셜 맥루한과 함께 미디어와 커뮤니케이션 사상가로서 꼭 공부해야 할 사람이다. 특히 새로운 디지털 메타버스 시스템을 디자인적 관점에서 인문학적으로 다시 분석하고 평가하는 데 있어서 빌렘 플루세르의 통찰은 매우 유의미한 지혜와 배움을 준다. 본서의 생각중독과 중독적 사고 또한 디자인의 구조를 만들어내는 인간의 사유패턴의 기초가 되는 것이기에 디자인적 사고를 빼놓고 이야기할 수 없다. 왜 빌렘 플루세르의 이야기가 디지털 메타버스 시대의 중독자본주의 시스템과 새로운 교육 대안에 유의미한지 그의 이야기를 내 수준으로 전하는 데 한계가 있어 그의 이야기를 잠깐 소개한다.

"인간과 기구 사이의 원격조정망이 생겨나고 공장이 사라지기(공장의 비물질화) 위해서는 모든 인간이 그와 같은 능력을 갖추는 것이 전제가 된다. 이로부터 미래의 공장이나 학교가 어떻게 보이게 될지를 예감할 수 있다. 이들은 인간 대신 기구가 자연을 문화로 변환시키는 일을 수행하도록 하기 위해 기계를 어떻게 작동시킬지를 배우는 장소가 될 것이다. 말하자면 미래의 공장에서 기구를 사용하여 기구에서 기구에 의해서 이를 수행하는 것을 배우게 될 것이다. 그러므로 우리는 현재의 공장 모습에서보다는 학문적 실험실이나 예술 아카데미, 도서관이나 디스코텍에서 미래의 공장을 생각해 볼 수 있을 것이다. 우리는 미래의 기구적 인간을 수공업자나 노동자, 기술자보다는 학자로서 생각해 볼 수 있을 것이다. 이는 미래의 공장에 대한 질문을 위상학적이고 건축학적으로 표현할 수 있게 한다. 미래의 공장은 인간이 기구와 함께 무엇이, 무엇을 위해서 그리고 어떻게 사용될 수 있는지를 배우게 되는 곳이어야 한다. 미래의 공장건축은 학교로 설계되어야 한다. 고전적으로 표현하면 학교는 아카데미나 지혜를 가르치는 전당이다. 이 전당이 어떤 모습일지, 물질적으로 바닥에 위치할지, 반 물질적으로 부유할지, 아니면 대부분이 비물질적일지는 부차적인 문제이다. 분명한 것은 미래의 공장이 호모파버(도구의 인간)가 호모사피엔스사피엔스(지혜로운 인간)가 되는 장소여야 한다. 그 이유는 제작이라는 것이 학습, 즉 정보를 습득, 생산, 전파하는 것을 의미한다는 사실을 인식해야 하기 때문이다."

빌렘 플루세르 덕분에 막스 프리쉬의 <호모 파버> 작품을 알게 되어 더욱 기쁘다.

24. 나는 메타버스에 살기로 했다 | 서승완 | 애드앤미디어

'MZ세대의 메타버스 캠퍼스 생활기'라는 부제의 <나는 메타버스에 살기로 했다>는 영남대학교 학생인 저자가 마인크래프트라는 디지털 메타버스에서 새로운 세상을 꿈꾸며 메타버스 캠퍼스를 만들어 자발적인 커뮤니티를 형성하고 입학식, 졸업식, 생일파티, 군대 송별회, 가상 도서관은 물론 메타버스 내 일탈 행위에 대한 법적 제재 등 윤리적인 문제까지 다양하게 경험하며 써 내려간 책이다. 우리가 막연하게 알고 있는 디지털 메타버스의 세계에서 구체적으로 어떤 일이 가능하고 어떤 문제가 발생하며 어떤 가능성이 있는지를 가늠하고 디지털 메타버스 세계에서 생각의 중독과 중독적 사고는 어떻게 발현되는지를 여러 가지 사례를 통해 확인할 수 있었던 좋은 사례였다. 특히 디지털 포르노를 중요한 '중독' 행동과 '중독자본주의 사회'의 폐단으로 논하면서도 디지털 포르노를 직접 접해보지 못했던 필자가 간접적으로나마 디지털 메타버스 내에서 성적 일탈 사건이 어떻게 민감하게 다뤄질 수 있는지를 아바타 누드 사건으로 확인할 수 있어서 많은 도움이 되었다. 그리고 그 문제를 처리해나가는 과정에서 디지털 메타버스 내에서의 윤리와 규범 및 법의 문제까지 다양한 새로운 기준들이 나와야 하는 시대적 요청이 너무 간과 되고 있다는 것을 확인할 수 있었다. 아이들은 디지털 메타버스에서 일탈 행위를 하는데, 그 처벌은 현실세계의 규범과 잣대로 재단하려니 모순이 생길 수밖에 없는 상황… 상품 자본주의와 IT기업의 이윤을 남기기 위한 시스템 전환이 아니라 진짜 우리 아이들이 살아갈 디지털 세계의 다름을 기반으로 한 삶을 위한 디지털 시스템의 새로운 디자인이 필요한 시대다. 그것을 보다 정책적으로 쉽게 구조화할 수 있는 것이 교육인데, 현 정부는 어이없게도 초중등 교육비를 대학의 반도체 학과를 만드는 예산으로 강제적으로 편성했다. 과학기술문명의 발전을 역행하는 학문과 교육의 퇴행이다. 기업을 위해 정부가 존재하는 것이 아니라,

국민을 위해 국가가 있고 국가는 국민의 권익을 위한 방향으로 기업을 지원해 가야 한다. 사적 독선과 개인적 이익을 위한 정책이란 있을 수 없다. 역사는 부메랑의 원칙을 단 한 번도 어긴 적이 없다. 아무튼 영민한 저자는 말한다.

"아바타 '전라 노출'을 어떻게 규정할 것이며, 증명해낼 것인지가 참으로 난제였습니다. 분명 그로 인해 성적 불쾌감을 느낀 친구들이 많았지만, 사이버 사에서 음란물을 제시하거나 유통한 것도 아니고, 그렇다고 현실처럼 '공연음란'이라는 개념을 적용하기도 무리가 있었으니까요. 메타버스가 우리 사회에 뿌리내리면 내릴수록, 유사한 사건과 문제들이 많이 발생할지도 모릅니다. 법도 거기에 맞추어 계속 변화와 고민을 꾀해야겠죠."

25. 아들러 심리학 해설 | 아들러 외 | 설영환 옮김 | 도서출판 선영사

아들러는 나의 첫 책 <엄마의 라이프스타일 아이의 미래가 되다>는 물론 두 번째 책 <메타버스 스쿨혁명>에서도 중요하게 다루어진 책이다! 왜일까? 나의 생각과 그의 생각이 부합되는 곳이 많기 때문이다. 무엇보다 부모의 라이프스타일이 교육에 치명적 영향을 미친다는 점에서 아들러와 나는 거의 합일의 경지에 이른다. 둘이 아닌 불이의 경지인가?

아들러는 어린이 교육에 대한 엄마의 중요성을 강조한다. 엄마들이 자녀들을 대체로 본능적으로 양육하는데 아이를 올바로 키우기 위해서는 먼저 엄마 자신들부터 교육받아야 한다고 주장한다.

"다른 사람을 교육하는 사람은 우선 어린이들에게 자신의 우월함을 나타내는 행동을 피해야 한다. 이상적인 교육자가 갖추어야 할 조건으로는 이해, 자애, 명랑, 신뢰성, 인내력, 그리고 낙천주의적인 사고가 좋다. 교육의 힘을 확신하는 사람만이 어린이의 정신 안에 감추어진 모든 능력을 발달시킬 수 있다."

아들러는 아이들이 처음부터 자신들의 인생 문제와 직접 부딪히게 해야 하고 실패를 방지하기 위해서는 열등감을 근원에서부터 없애야 한다고 말한다. 응석받이란 말은 어린이 자신으로부터 독립적인 사고를 빼앗거나 혼자의 힘으로 어떤 일을 해내는 기회를 주지 않고 기생충이나 다름없는 존재로 키운다는 것을 의미한다. 아이들이 다른 사람과 협력하여 사회에 이바지하는 성취감을 느끼도록 하면서 자신의 문제와 정면으로 대면할 때 아이들은 성장하고 치유된다. 그리고 그것이 바로 교육의 방향이라고 이야기한다. 아들러가 말하는 자기교육이 되지 않은 어머니의 존재가 바로 본서에서 말하는 '생각중독'과 맥락이 같고, 아들러가 말하는 열등감이 발생한 응석받이 어린이의 사고가 '중독적 사고'와 맥락이 같다. 인간의 발달은 사실에 영향을 받기보다는 사실에 대해 갖게 되는 의견에 더 큰 영향을 받는다는 아들러의 견해와 한 개인의 우주관을 바탕으로 하는 생활관이 그 사람의 생각, 감정, 의지, 행동을 좌우한다는 아들러의 논리 또한 본서의 맥락과 흐름을 같이 한다. 결국 필자가 주창한 부모들의 '라이프스타일 교육'이 중독적 삶을 예방하는 미래교육의 핵심이다.

26. 디지털중독자들 | 베르트 테 빌트 | 박성원 옮김 | 율리시즈

<디지털 중독자들>의 저자 베르트 테 빌트(Bert te Wildt)는 본서에서 필자가 독자들에게 나누고 제안하고 싶은 이야기를 똑같은 맥락에서 하고 있다. 심지어 슬로라이프를 부모와 교사 등 어른 세대가 더 적극적으로 아이들에게 전수하고 나누며 함께 하는 것이 중독적 디지털 시스템으로부터 아이들을 보호하고 생존을 담보하는 일이라는 대안까지 같다. 차이가 있다면, 그는 독일의 '미디어 의존 전문가 협회'의 창립자이며 미디어 전문 클리닉 정신과 의사라는 전문성으로 훨씬 더 깊이 있게 이 문제를 짚고 있다는 점이다. 책 전체의 굵직한 핵심을 요약해서 독자들과 나누지만, 디지털 메타버스 시대에 부모와 교사들은 물론 미래사회를 준비하는 성인들이라면 모두 반드시 꼭 읽어야 할 책이다.

"우리가 인터넷 의존증의 위험을 눈먼 사람처럼 인식하지 못하는 결정적인 이유는 사회 전체가 이미 오래전부터 디지털 미디어에 집단적으로 의존하고 있어 개개인의 사례가 부각되지 않기 때문이다. 이는 알코올의존과 마찬가지다. 대부분 알코올 음료를 일종의 문화적 재화로 여기기 때문에 알코올에 내재된 위험성을 간과한다. 인터넷도 이와 다르지 않다. 그러나 그 둘의 차이는 더욱 명확하다. 인터넷은 즐거움을 위한 기호품에 그치지 않고 정치와 경제, 교육 및 노동제도 등의 작동에 없어서는 안 될 디지털 기술에 의존하고 있으며 그것이 붕괴하면 당할 수밖에 없다. 인류의 역사를 돌아보면 놀이로 사람들을 의존 상태에 묶어둔 사례는 매우 많다. '빵과 놀이'라는 관용적인 표현은 어떤 민족에게 먹을 것과 놀 거리를 제공해주면 그 민족을 손에 넣고 마음대로 휘두를 수 있다는 의미다. 현재 우리는 검투 시합의 최신 형태를 미디어를 이용해 즐긴다. 텔레비전 시리즈 <스파르타쿠스>나 컴퓨터 게임<로마> 등이 그것이다. 디지털 혁명을 우려하는 이유는 무엇보다 자라나는 세대의 미래를 염려해서다. 지금은 자칫하면 과거의 실수를 되풀이할 수도 있는 상황이다. 전자미디어가 초래할 부정적인 결과에 대해 진지하게 생각해야 한다. 인터넷 남용에 해당하는 사람들은 이미 전형적인 중독행동을 보이지만 당사자의 삶을 심각하게 훼손하지 않은 상태다."

어떤 교육보다 강력한 것은 부모가 직접 가치를 실천하는 모범을 보이는 것이다. 이런 점에서 부모와 조부모들은 무척 중요한 과제가 주어진다. 어린아이와 청소년에게 자신들이 지켜온 아날로그 세계를 소개해주는 것이 훨씬 즐거울 것이다. 빌렘 플루세르는 컴퓨터 미디어가 뇌의 사고 기능을 점점 떼맡는 만큼 인간 뇌의 창의력을 발달시킬 공간이 많아질 것이라고 했지만 우리는 말하기, 새로운 이야기 만들기, 혼자 놀기, 손으로 글쓰기, 책읽기, 암산하기, 악기 연주 등 인류의 원천적인 문화기술을 디지털로 단순화시켜 사용하며 창의력 등 두뇌 발달을 기대할 수 없는 상황이다. 알파세대 아이들은 더욱 디지털 미디어에 두뇌 기능을 의존한다. 디지털 미디어에 아이들을 방치하는 것은 디지털 세계의 권력 앞에 아이들을 희생시키는 것이다. 미디어 금식을 하고 지금 이 순간에 집중하고 공감하라. 디지털 시대의 사람들은 자기 몸과 온전히 함께 할 수 있는 시간이 점점 줄어든다. 건강한 미디어 환경을 만드는 일은 자녀들의 자유로운 미래가 달린 중요한 일이다."

27. 뇌 속의 신체지도 | 샌드라·매슈 블레이크슬리 | 정병선 옮김

<뇌 속의 신체지도>는 우리의 뇌와 몸이 어떻게 결합하고 작동하는지에 대한 지식은 물론 우리 몸의 감각이 바로 우리 마음이라는, 달리 말하자면 결국 우리 마음이 우리 몸의 감각을 만들어낸다는 배움을 얻게 한다. 이는 일체유심조의 붓다의 가르침이 단순히 상상력이 아닌 우리의 실제라는 사실을 입증해주는 과학적 사례라고 할 수 있다. 사실 성인의 가르침을 과학적으로 입증해서 사실화한다는 것도 웃습다. 양푼의 존재를 간장종지로 증명하는 느낌이랄까? 4장 게임하는 호문쿨루스에서는 신체 운동력을 상상으로 연습하며 증강시키는 사례는 물론 진화하는 뇌- 기계 인터페이스를 소개하며 휠체어에 앉은 마비 환자가 생각만으로 컴퓨터 화면의 커서를 제어하는 원리를 설명한다. 실험대상이었던 건강한 원숭이들이 생각으로 작동하는 로봇 팔을 활용해 먹이를 입으로 가져오는 법을 배운 후 멀쩡한 팔을 쓰지 않기 시작했다. 인류의 미래 일 수 있다. 그뿐 아니라 가상현실에서 디지털로 구현된 몸인 아바타는 아바타를 뒤집어쓴 사용자를 닮을 수도 있지만 슈퍼모델은 물론 막대그림이나 우주복이 될 수도 있다. 가상 환경이 뇌 속의 신체지도에 그다지 사실적으로 다가서지 못할 때 사이버 멀미를 할 수도 있다. 미래에는 가상현실이 응용되면서 뇌속의 신체지도와 감각운동의 순환 고리가 바뀌게 될 것이다. 미래 인류는 게임은 환각이 압도적이라 과도하게 열중하게 되고 결국 손가락과 안구 운동 이외에 달리하는 것이 없으므로 살이 찌고 무기력해진다. '세컨드 라이프' 같은 다중이 참여하는 게임의 사용자들은 가상의 관계와 아바타의 행복이 실생활의 관계 및 행복보다 더 중요해졌다. 폭력게임을 주로 한 학생들의 두뇌는 편도체의 활동이 증가했다. 편도체는 감정을 고조시킨다. 지은이는 재런 러니어가 아바타를 통해 아이들이 자기 몸 제어법 이외에 남의 몸을 제어하는 방법도 배우게 된다는 점에 엄청 호기심을 나타내며 사용자들이 관심을 나타내면 상업화될 것이라고 추측한다. 우리의 몸과 두뇌의 관계를 이해하기 쉽게 풀어놓았을 뿐만 아니라 가상현실 속의 아바타라는 신체에 대한 철학적 사유 또한 구체적으로 잘 기술되어 있다. 부모와 교사들은 꼭 읽어야 할 책이다. 그리고 자신의 몸과 마음의 작동원리에 대해 궁금한 사람들이나 다이어트를 하는 사람들에게도 권한다 (물론 난 성공하지 못했다).

"하지만 결정적으로 우리한테는 자유의지라는 고귀한 자산이 있다. 물론 환각이 존재하고, 작동하기는 하지만 말이다. 뇌의 특정 부위가 망가지면 마음의 특정 요소도 망가진다. 환각이 무너지면서 근저에 있는 정신의 다채로움이 드러난다. 자아가 환각이고 오해라 해서 우리 같은 건 없다는 얘기가 아니다. 자아가 분산되어 있는 창발적 인격이 아니라 고정불변이라는 생각이 자아에 대한 환각이다. 정신 및 심리 작용은 구체적 장소가 아니라 뇌의 정보처리 회로에 존재한다고 말하는 게 더 올바르다. 인간의 뇌가 독특한 것은 문화에 기생하기 때문이다. 아이들은 엄마와 아빠가 일상의 일들을 직접 하는 것을 보고 훨씬 쉽게 배운다."

28. 42장경 | 오쇼 라즈니쉬 | 황광우·이경옥 옮김 | 성하출판

오쇼 라즈니쉬는 붓다와 함께 필자의 정신적 지주인 사상가다. 우연히 인도에서 그의 책 <조르바 붓다혁명>을 읽고 나는 타고난 혁명가라는 사실을 스스로 자각하게 되었다. 오쇼의 책은 무척 많지만 내가 읽은 책 중 애독서 중 하나가 42장경이다. 본서의 베이스가 된 <금강경>의 주요 맥락들을 보다 더 쉽게 풀어준다고 해야 할까?

"사랑의 인간은 절대로 타인 때문에 화내지 않는다. 그는 실로 타인에게 의존하지 않기 때문이다. 그는 혼자서도 행복할 수 있다. 물론 그는 자신의 행복을 타인과 나누지만, 타인에게 의존하지는 않는다. 그것은 상호 의존관계가 아니다. 그것은 상호 간의 우정이다. 그들은 에너지를 나누지만, 누구의 노예가 아니다."

존재에 대한 명확한 개념 규정과 당위성을 무척 깔끔하게 정리해준다.

"수행(discipline)이란 말은 의미 깊다. 그것은 제자(disciple)와 같은 어원에서 왔다. 그것은 배우려는 준비를 뜻한다. 제자는 바로 배우려는 준비가 된 사람, 배움에 아주 열려있는 사람을 뜻한다. 배움에 열려있다는 것은 대단히 깨어있다는 것을 의미한다. 배움은 오로지 깨어있을 때만 가능하기 때문이다. 깨어있지 않다면 아무것도 배울 수 없다. 깨어있는 사람은 어디서나, 아무 데서나 배울 수 있다."

본서에서 교육은 수행적 관점으로 변환되어야 한다고 제안하는 이유를 오쇼가 아주 명확하게 설명해주고 있다. 자발적인 배움과 그를 통한 깨어남이 바로 미래교육의 방향이자 핵심이다. 우리 아이들이 디지털 메타버스의 조작된 쾌락과 유저에게 채우는 족쇄들로부터 깨어있어야만 인간됨의 자유와 인간됨의 최소한의 존중으로 인간답게 살아갈 수 있다. 그래서 교육은 수행으로 변환되어야만 한다. 평생학습이 아니라도 스스로 죽을 때까지 공부하며 깨인 의식을 가진 자는 절대로 시스템과 타자에게 종속되어 살지 않고 자기 삶의 주인이 된다. 미래교육의 핵심이자 교육의 본질적 방향이다. 내 삶의 주인공이 내가 된다는 것.

29. 아이들이 위험하다 | 크리스티안 리텔마이어 | 송순재·권순주 옮김 | 이매진

<메타버스 스쿨혁명>을 쓰면서 굉장히 많은 영감을 얻었던 책이었음은 물론 미래교육학자로서 디지털 메타버스시대를 대비하는 교육대안에 대한 다양한 사유의 확장을 도와준 책이다. 어린이의 발달을 위협하는 문화산업에서는 아이들의 자유놀이를 위협하는 자본 중심의 문화가 초래한 산만함과 상상력의 마비 등의 문제점을 들고 있고, '시선의 획일화'가 전체 미디어를 지배하게 될 때 구체적인 판타지 학습도 할 수 없게 된다.

이 책에서 중점적으로 다뤄지고 있는 문제는 기술만능주의적 교육 이해가 인간상의 기계화와 어떤 차이가 있느냐 하는 점이다. 현대 뇌 연구에서 밝혀졌듯이 우리는 말하는 상대에게서 단지 시각적 인상만을 받지 않는다. 공간 속에서 자체 운동 감각과 균형 감각으로 파악한 형상과 냄새 그리고 손의 촉감 같은 공감각적인 지각을 하게 된다. 이것이야말로 아이들이 학습과 정신력

을 기르는 중요한 기본적인 기능이다.

어린이와 청소년의 일상생활 속에서 벌어지는 제반 문제에 대한 교육계와 정부 차원의 대응은 여전히 갈피를 잡지 못하고 있다. 그런가 하면 기술만능주의적 척도와 다른 인간성을 위한 교육의 문제는 여전히 부재하다. 몰취미라는 특성을 지닌 문화산업과 교육의 기술주의에 맞서 미학적으로 연마된 능력인 좋은 취미를 주장하는 것이야말로 '미래를 위한 투자'가 될 것이다.

30. 자유로부터의 도피 | 에리히 프롬 | 김석희 옮김 | 휴머니스트

에리히 프롬(Erich Fromm)은 인간은 선하지도 않고 악하지도 않으며, 개인이 고립되어 회의나 고독감과 무력감에 짓눌리면 그때 개인은 파괴성이나 권력욕이나 복종에 대한 갈망으로 내몰린다고 한다. 인류 역사에서는 지금까지 한 번도 실현되지 않았지만, '무엇을 위한 자유'는 인류가 계속 고수한 이상이었고, 인간에게 일어난 그 모든 일에도 불구하고 우리가 역사를 통틀어 역사적으로 잘한 일은 개인들에게서 발견하는 것과 같은 품위와 용기, 예의와 친절 같은 자질들을 유지했을 뿐만 아니라 실제로 더욱 발전시켰다는 사실이라고 생각한다.

자유가 근대인에게 이중의 의미를 가지고 있다는 것이 이 책의 주제였다. 즉 근대인은 전통적 권위로부터 해방되어 '개인'이 되었지만, 동시에 고독해졌고 무력해졌을 뿐만 아니라 자기 자신이나 타인들로부터 소외되어 자기 바깥에 있는 목적의 도구가 되었다는 것, 더욱이 이 상태는 그의 자아를 은밀하게 해치고, 그를 약화시키고 위협하여 새로운 종류의 속박에 기꺼이 복종하게 한다는 것이다. 반면에 적극적인 자유는 능동적이고 자발적으로 사는 능력과 함께 개인의 잠재력을 충분히 실현하는 것과 동일하다. 자유는 임계점에 도달했다. 이 임계점에 도달하면 자유는 자체의 활력이 지닌 논리에 떠밀려 정반대로 바뀔 위험이 있다. 민주주의의 미래는 르네상스 이래 근대 사상의 이념적 목표였던 개인주의의 실현에 달려있다. 오늘날의 문화적 정치적 위기는 개인주의가 너무 많다는 사실 때문이 아니라 우리가 개인주의라고 믿고 있는 것이 빈껍데기가 되어버렸기 때문이다. 자유의 승리는 민주주의가 발달하여 개인 및 그의 성장과 행복이 문화의 목표이자 목적이 되는 사회, 성공 따위로 삶을 정당화할 필요가 없는 사회, 또한 개인이 국가든 경제 기구든 자기 바깥에 있는 어떤 일에도 종속되거나 휘둘리지 않는 사회, 끝으로 개인의 양심과 이상이 '자기 것'이고 그의 자아가 지닌 독특성에서 비롯된 목표를 표현하는 사회가 이루어져야만 가능하다. 오늘날 우리가 직면한 문제는 조직된 사회의 구성원으로서 인간이 사회적, 경제적, 힘의 노예 신세에서 벗어나 그 힘의 주인이 될 수 있도록 그 힘들을 조직화하는 것이다.

비단 산 아래 태어난 인정 많고 바지런한 소녀 정빈이는
진악 산 재 너머 읍내 총각 김주사와 사랑하고 결혼하여
단아한 삶의 맵시로 2남2녀를 키우며 알콩달콩 살았더라.
86세 여름, 기억조차 가물가물 쨍한 무더위
주점(酒店)에 앉아 난(灡)을 치는 아들만을 기다리다
심연(深淵)속 온통 난(蘭)을 치며 헌신하신 우리엄마
엄마의 삶에 존경과 경의를 표하며 온전한 사랑으로 이 책을 바칩니다.